三十二号空间

九枝西柚 著

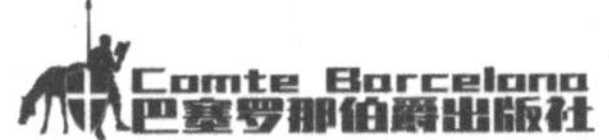

First edition
Editing and design by Qinfeng Zhang
First printing March 2020
Published by Comte Barcelona

ISBN: 978-84-121877-4-8(Paperback Edition)
ISBN: 978-84-121877-5-5(Digital Edition)
Visit https://comtebarcelona.com

书名：三十二号空间
著者：九枝西柚
版次：2020年3月第1版
编辑和排版：张秦峰
出版发行：巴塞罗那伯爵出版社

ISBN: 978-84-121877-4-8(平装版)
ISBN: 978-84-121877-5-5(电子版)
详情可访问网站：https://comtebarcelona.com

目录

第一部分

光的传播速度是每秒三十万公里，我眼前的你和上一秒的你差别不大，可眼前的太阳是八分钟前的太阳，星星是一百年前的星星。我们永远被时间抛在后面。

第一章 航行

空姐给方一倒了一杯水，她道谢后放在小桌板上。路途劳顿，胃有些难受，水太凉，没有喝的欲望。

所有人都在睡觉，只有安全指示灯在黑暗中挣扎。方一小心翼翼地把遮光板拉开一点，给囚禁已久的光一点喘息的空间。它们肆无忌惮地跳上小桌板，扬起细密的尘埃，最后一跃进了杯中的波光粼粼。方一出神地看着水，杯子连着桌子，桌子连着座椅，座椅连着机舱，机舱里装着发动机。发动机工作中，于是杯子里的水也跟着摆动起来，柔软地和阳光一起热烈翻滚，有点晃眼。

“你去哪里？”一个声音从右边响起，方一的视线从窗外扭过去，扫过一片严肃的黑色眼罩，终于发现了一张白皙的面孔。原来是邻排过道的男子正在询问方一。他的年纪看上去和她差不多大，套着黑白外套，一条银灰休闲裤看上去随心所欲。

他看看方一，翻翻杂志，又看看方一。终于发觉方一在打量他，于是笑着从杂志里抬起头，与方一对视。

方一这才意识到刚才不太礼貌，也尴尬地笑了笑：“我要转机，去欧洲。你呢？”

“我也去欧洲，安道尔。”他将杂志合上，展开折角，轻轻压了压，小心地放入了前面的座椅口袋。

他的发型似乎精心打理过。

“安道尔，我记得是在两个国家的缓冲地带建立起的地方。”方一运用有限的知识费劲地说，“如果要去，必然要先到法国或者是……”

“西班牙。”他再次笑了。

“没错，西班牙。”得到确切答案的方一放松下来，抬头看向他，发现他一直笑着看方一。这实在是太奇怪了，他好像认识方一的样子，他的笑容也让方一觉得很熟悉，好像在什么地方见过。

因为工作性质特殊，社交占据了生活的大部分，和太多人打过交道，但也没有留下过什么印象。但是眼前的这个人，像是故友，还是认识了十年以上的那种。可是方一在脑海中仔细搜寻一番后，还是确信这是他们的第一次见面。

突然，她的思路被一阵恶心打断，胃里一阵翻滚。她慌张地去找座椅前面的纸袋，却发现空空如也。现在叫空姐来已经有些来不及了，她拍拍身边的人，没等有反应就艰难地爬了出去，踉踉跄跄起身向厕所走去，重心有些不稳。这时，一只手扶住了她，将一个纸袋递到方一面前。她想也没想就抓了过去。吐完之后，纸袋又被拿走，换成了一杯水。“喝一些感觉会好一点。”

“好的，实在是很抱歉打扰到你。”

“没关系，这样的事情很常见。”他将纸袋交给了空姐，向方一说，“喝点水吧。”

“好。”她连喝几口。

休息一会后，方一感觉好很多。以往出差不管怎么日夜颠倒，都不会出现不适，现在没有了工作，身体反倒开始出岔子，真是又好气又好笑。不过没有顾虑的生病，也是一件幸福的事，反正她一年半载没有工作的打算。

机舱外，大片大片厚积的云层提醒着她和地球三万英尺的距离。光线暗淡，云层泛出一种近乎熟透的紫红色，仿佛一个秘密掩盖不住了。

光的传播速度是每秒三十万公里，我眼前的你和上一秒的你差别不大，可眼前的太阳是八分钟前的太阳，星星是一百年前的星星。我们永远被时间抛在后面。

太阳快消失了，因为追不上飞机而藏在云端的后面不敢示面，所剩无几的余辉被飞机远远地向后抛去。由黎明至黑夜，是时间的空白区域。从一个时区到另一个时区，方一开始见证飞机无声地划过光与暗的边界。

这时，两个空姐突然出现在走廊尽头，朝她这边望了望。方一觉得她们仿佛在看自己，果不其然，其中一个十分突兀地走了过来。

“女士，她们这边查到您的旅程信息好像有一些问题。”

“什么问题？”

“您好像坐错了飞机。”

“开玩笑，我到了指示的登机口，是你们扫描的登机牌，怎么可能不对。”

空姐看起来很为难，“很抱歉，我们也不清楚哪里出了差错。在飞机起飞前半个小时的时候，您原航班的登机口改到了另一栋航站楼，也不知道什么原因系统最后扫描了。”

“坐错飞机这种事情，我可能这辈子也不会遇上第二次了。”方一自嘲道，“赔偿是少不了的，还有我的行程也必须改了。那这趟飞机的目的地是哪里？”

“我们的目的地是……”空姐的话还没说完，机舱里传来机长的声音，“飞机遇上气流颠簸，请所有人就座并系好安全带，请所有人就座并系好安全带……”

空姐匆匆朝里舱走去，不知道是不是错觉，方一在她离开的时候似乎发现她诡秘地笑了。笑容随着她的离开停留在空中，等到她再反应过来，空姐早就离开。方一尝试着打开座椅背后的液晶显示屏查看航班信息，却是意外的黑屏，不论她怎么摆弄机器始终无动于衷。死气沉沉的机舱内被黑暗笼罩着，所有人都在缺氧般地熟睡，头在气流颠簸中以同一频率整齐地小幅度摆动，只有她一个人在黑暗中清醒地慌张。

方一瞥向刚才帮过方一的那个人，他也戴着眼罩，看不见表情。

一小时后，飞机降落了。方一终于有机会问问身边的人，“我们在哪里？”那个人睡眼惺忪，听到这个问题像看神经病一样看了方一一眼，回答道：“马德里。”

“什么？！”方一再次确认。

“马德里。”他漫不经心地重复了一遍。

马德里，倒也在欧洲。方一想到了之前和那个男人的对话，觉得自己蠢极了。可谁能想到坐错飞机，阴差阳错，方一只好打开手机，把去荷兰的行程全部取消。

打破计划令人懊恼，不过这次旅程本来就是出来散散心，既然到了马德里，那就在马德里四处逛逛。

出了机舱，方一被人拍了一下，一回头发现是飞机上那个男人。“你好些了吗？”他友好地问道。

“我好多了。”方一礼貌地回应，一边低头看手机，“刚才太谢谢你了。”

手机上迅速跳出了领事馆的短信和运营商的套餐优惠，方一正琢磨着该买哪个套餐，一条消息从顶端弹了出来：“你到了吗？”

方一点开，回复：“到了。但是很狗血，我居然飞到了西班牙。”

上面显示对方正在输入……紧接着一连串的“哈哈哈”打了过

来。他说：“你不是要去荷兰吗？”

方一：“是啊，太郁闷了。”

对方是从一个朋友的朋友，当时好像是有一些工作的事咨询。问完之后不知怎的又聊了起来，一来二去也算个朋友，只是没有见过。

对方没有再回复。走到行李提取还有一段距离，方一于是连着给他发了两条：“我先出机场，不和你说了。晚些联系。”

“你是游客？”飞机上帮助过她的那个男人走在了方一旁边。

“是啊。不过我现在才开始订车和酒店。”方一心不在焉地划着屏幕，酒店照片太多有些花眼。她果断地添加搜索条件，将目标锁定在列表前三位，最后选择了一家离市中心比较近，又可以接送机场的酒店。这间酒店评分很高，性价比在这个区域内也很高，早餐下午茶一应俱全。她心里盘算着赶紧到了酒店好好休息，一扫行程出错带来的阴霾。

“我先去取行李了，”方一对男人礼貌地说，“再见。”

第二章 到达

方一推着行李出了机场，开始寻找带有酒店标记的车。酒店曾发来简讯，告诉她会有一辆这样的车出现在机场，每十五分钟一班。只要方一在机场的指定位置等候，接下来的安排便不会出错。

下午五点半，纵使出入的人群并未减少，落日的机场却被硬生生地安上几分萧条的景象。几个深色衣服的男子进了机场，很快消失。戴着红色帽子的女人一仰头，帽子就被吹到了马路对面。方一看着那顶红色一直飘啊飘，觉得自己好像等了很久什么也没有发生。

她掏出手机看了一眼时间，只过去了十分钟。

方一划开屏幕回到聊天界面，和那位不知道身在何处的朋友的聊天框，结尾处依旧是她刚才留下的话。这时，一个陌生男人匆匆经过她身边，手肘用力地撞在她身上，没有一点表示，方一痛得直咧嘴。

“小心。”陌生男人在她耳边悄悄说。方一连忙回头，那个人早已匆匆离去，消失在了身后的机场。她伫立在落日的机场门口，眼前的景象变得有些异样的模糊。还有刚才悄悄提醒她的那个男人。小心，小心什么？小心谁？不太对劲，从那杯水，一个搭讪的男子，在空中错乱航线的飞机，不按常理出牌的目的地开始，一切都不太对劲。

方一想到了以前在杂志上看到的平行时空。上面曾说，那是一个和我们现在的世界完全平行的空间，它们可以共同上演着一模一样的事件，人物、过程毫无分别。是谁创造了这样一个世界？方一常常会想，难道是上帝的备份文件夹，为了保证主要账号的正常运转所建立的 Backup，区别在于当部分出错时进行销毁和替换?

如果真的是那样，有一个平行世界，甚至不止一个，好几个平行世界。当一大堆复制品同时出现，该怎么保证，哪个才是盗版?

方一突然感觉周围的环境顿时安静下来，直觉给了她一个低头看手的动作。白皙的皮肤，红润的手掌，青色的静脉根根分明。这些体征无一不在向她展示着生命的存在。

方一不知道从哪里生起了信心。如果有幸遇见那个盗版，对方身上一定会存在很多纰漏，而这些纰漏一定能被方一一眼看穿。当时间滴答滴答地漏在她们身上的时候，那只叫方一的六耳猕猴一定会自惭形秽。

滴答滴答，滴答滴答。

刚才被男人撞过的地方疼痛感已经消失。天空渐渐暗淡下来，吝啬地敛去最后一点光线。方才预定的酒店接机车应该快要出现了。快出现！快出现！方一在心中默念。从远处的黑暗中，一对大灯缓缓拐弯向方一驶来。

“嘟嘟嘟，嘟嘟嘟。”

汽车喇叭渐行渐近，一辆紫色商务车在该出现的时间出现了。方一扫了一眼上面的陌生字母，从长度和几个字母的特殊位置十分不严谨地确定了，这是酒店派来的车。

车停在了她面前，方一从车窗看过去，发现里面似乎还坐着别人。她惯性地等待司机打开自动车门，热情地下车帮她把行李搬进后备箱。长途飞行造成的大脑运转迟缓导致无谓的等待延长至一分钟。

一分钟后，方一终于反应过来，开始用力拍打车窗示意。司机这才扭头看她，有些古怪地将车门打开。方一探头看见里面除了坐了一位五十多岁的中年男子，剩下的都是空位置。男子脸上全是褶子，亚洲面孔。

方一向司机指了指自己手边的行李箱，一时间不知道该不该说英语。司机看了她一眼，将后备箱打开。

太沉了，根本提不上去。方一绝望地看着车里两个男人无动于衷的样子，努力地平缓一股怒气，脚却不自觉地剁了两下。这时身边突然伸出一只手，将她的箱子轻松提起。

“我来吧。”

方一发现又是飞机上那个男人，笑意盈盈。

“又麻烦你了，不好意思啊。”方一道谢，“不知道原来我们订了同一个酒店。”

男人愣了一下，笑着说：“我叫梁校文。”

看在对方帮了几次自己的份上，她想了想还是选择回答：“哦，方一。”

方一和梁校文上了车，那个亚洲男子依旧面目表情。方一便觉得这个人古怪得很，挑了一个离他最远的位置坐下，她看梁校文丝毫没有在意，悄悄问：“你说，这个人听得懂中文吗？”

梁校文摇摇头，“我不太会判断。”他悄悄瞟了一眼，“不会说中文，我猜测来自东南亚或者东北亚国家。”

司机没有要离开的意思，似乎知道还有人没上车。方一将包随意丢在车上，调整好一个舒服的姿势后，准备小憩一下。正打算合眼，一个神色慌张的女人从机场跑了过来，身后的自动门还未合上，她已经跑到了车子旁边。司机心领神会地打开了车门，女人翻跟头似地滚了进来，最后抵在另一边靠车窗的位置。

方一斜着眼打量了一下，她只带了一个大手提袋，从上车开始眼神就一直在打量车里的人，看上去戒备心很强。方一翻了个白眼，她最讨厌太把自己当回事的人。

“人齐了吗？”司机对着后视镜说。

司机居然会说中文。方一在心里感慨华人旅游在马德里发展之蓬勃。

没有人接话，于是车门自动合上，车子缓缓行驶起来。驶出机场不久，司机将一个文件袋和一个文件夹往后递，“找到自己的名字打个勾，一百欧放文件袋里就行。”

“不是包接送吗，怎么还要交钱？”方一听着不太对。

“可能不包含，有些酒店会写可以提供接送服务，但是是有偿的。”梁校文在一旁尽力解释。

方一自认倒霉。梁校文写完后将东西递了过来，方一数了一百欧放进去，在名单上找了半天也没找到自己的名字，自言自语道：“我是临时订的，可能还没来得及加上吧。”

梁校文凑过来看了一眼，“那你写在表格最后好了。”

方一边写边浏览表格。

Xiaowen Liang

Hongmei Liu

Huaida Zhang

最后一行名字被黑色记号笔涂掉了。

Yi Fang

方一在黑色记号后用力写下自己的名字。

“谢谢。”他说。

第三章 失忆者

坐在后座的人并非来自东南亚或者东北亚，他是中国人，叫老张，来自一个叫余城的小地方。

余城大概是中国国土西北边一个很小的芝麻粒。小到在好不容易发射的卫星想要向地面转送信号的时候，会以为那是一片荒土。于是这个地方很难接收到信号，电视机常常发出诡异的沙沙声，咿咿呀呀地像是外星人悄悄潜入到画面里，想要告诉人类点什么宇宙奥秘，又正巧得了感冒，喉咙里卡了一口痰吐不出来。

老张面无表情地关掉电视，画面沮丧了一秒钟马上黑掉。第一只乌鸦立在了斑驳屋檐，他知道又该打烊了。一家破烂杂货铺，木门开始泛黄，深色沟壑肆无忌惮地向暗处生长，延伸至满目疮痍的底部。他若有所思地蹲下来，仔细地检查了一下门破损后余下的空隙。粗糙干裂的手掌轻轻抚过，连木门都变得光滑起来。

这扇门似乎还能用，不需要换吧。

乌鸦越来越多，叫声划破天际。这样的场景已经在老张的生命里重复上演，他不知道，落日他还能再看多少次。或许还有无数次，或许只剩下一次。老张看向这家小店，这个自己守了一辈子的地方。

愿意守着是为了等待该等待的，而不是这群黑乌鸦。老张讨厌地想着，脸上的皮皱在一起。可是该等待的还要继续等待，乌鸦却每天都来。

“错误，全是错误。”老张摇摇头。

他的眼前浮现出一张少年的脸，一个女人，一栋比杂货铺还要破烂的楼。少年面色苍白，女人面无表情。楼还是那栋楼，不过已经被烧得黑不溜秋。老张仿佛站在那栋楼前，再次若有所思。

他想到了死亡。当站在死亡面前，人会很轻易地想到死亡，感到害怕，或者平静，平静却不一定意味着超脱。平静可能是害怕的另一种表现，也许是他们内心有些害羞。但老张不一样。

他想唱歌。

“一季又一季，树上结果果；一年又一年，叶子绿油油。”他默念。但是这首歌谣后面是什么来着？他不记得了。这个片段的消失，就是在那天看见了那栋被烧的已经没有形状的破楼开始的。黑色，全是黑色的，搞得到处是黑色，天都被弄脏了，除此之外再没有别的颜色。可是老张的脑子里却是这首歌谣。

歌谣从哪里来的？真奇怪，什么也不记得，于是只能反反复复地唱着这一句。哼着这首歌，老张从一大堆黑色里嗅出了一点死亡的味道。

这个味道很特殊，混杂着塑料、纤维、矿物质，还有一些刺激性的东西。它们混杂在一起，交织出了死亡的气息。老张一辈子也忘不了那个味道。他点上了一支烟，蹲在杂货铺的破烂门槛上，抬头开始欣赏屋檐上干瘪的乌鸦。

他眯着眼睛，想象乌鸦眼中干瘪的自己。

“妈的，如果明天会死，今天是最后一次打烊自己应该带走什么？”

手表？第一次和那个女人相遇时，买了两块，另外一块也不知道被她带到哪里去了。老张曾经翻箱倒柜地找过，很确信被她带走了。要是死，那个女人该死。

没错，那个面无表情的女人，是她把他一步步领到今天的走投无路。有什么办法，她早就死了，和塑料、纤维、矿物质，还有一些刺激性的东西死在一起。她也变成了黑色的一部分，可是那有什么用？老张依旧想不起歌谣后面到底是什么。

不过他又好像突然想起了什么。厚厚的镜片上布满了雾气，一双浑浊的龟眼重新凝视木门。他的眼神顺着沟壑慢慢上移，缓慢抬头，然后顺势把眼镜取下。

沟壑的尽头，是一道红色的记号。

老张有些艰难地站起来，扶了扶腰，将眼镜收好，又重新看向那道记号。油漆刷过的痕迹，最正的红色，现在依旧鲜红，不过还是落了些灰。老张抬手将红色记号反复擦了起来，想要擦得更干净些。

这是一个少年的高度。一个少年曾经的高度。现在长到多高了？老张不禁想，胸前的眼镜摇摇欲坠。

难道自己每天守着这群干瘪的乌鸦，和这个破烂铺子，不就是为了等到他吗？老张不由得露出了微笑，露出快要被烟熏成化石的牙齿。

少年还在身边的时候，人们还没有忘记老张的名字，叫他张怀达。

当初秋的第一片枯叶落下的时候，张怀达终于踏上了回家的列车。回家，回家，或许只是暂时地逃避一下日以夜继的辛劳，他再也不想回到工地了，更何况，上周还亲眼见证了下铺兄弟的高空意外。人就那么轻飘飘地落下来了，却有“啪叽”一声脆响，惊讶到在场的所有人自动切换到静音模式，都没听见他最后嘴张着是在喊什么。

这样的人生可真他妈绝望。

这种绝望在回到家看见另一个男人用自己水杯喝茶的时候达到了高潮。

“你他娘的给老子滚出去！”张怀达疯了一样地把那个男人踹了出去，抓着女人的肩膀使劲摇，“你要不要脸？要不要脸！贱货！臭婊子！”他一巴掌甩在女人脸上，女人的头也轻飘飘地撞在地砖上，磕出血来。

当第二片落叶落下的时候，树枝有些轻轻晃动，仿佛在为第三片叶子的落下蓄势待发。张怀达点燃一支足以烧了整片森林的烟，星星之火危险地在落叶堆边的窗里忽闪忽烁。少年刚进家门，看见女人痛的在地上动弹不得。女人冷哼了一声，字眼和着泪水滚动起来：“你有什么资格？你承担过一点点这个家的责任吗？你现在可以回来，打我，我也可以现在就走。”

戏剧性的一幕出现，张怀达的巴掌好像白打了一样，女人一个鲤鱼打挺起来，头也不回地摔门而去。张怀达被这一声巨响震得全身发麻，失神到瞳孔张开，仿佛刚才那一巴掌打在他自己脸上了。

“妈走了，就这么散了吧。”少年把书包里的书全部倒了出来，又进了屋。张怀达冲进卧室，男孩已经把包塞得鼓鼓囊囊的了。他控制着泪水，他的喉咙也被女人的一句没有资格梗得说不出话，连一句挽留都开不了口。

三天后，女人回来收拾行李，一纸离婚协议书甩在他面前。张怀达一夜就老了，成了老张。女人说要接走儿子，老张回答，少年已经走了。

“他才 15 岁！能去哪里！？”女人发了疯地抽老张的耳光，这一次，老张没还手。他也在想，这小子能去哪呢？老张发现毫无头绪，回答这个问题不会比回答隔壁楼下卖炒面的胖子他妹妹为什么会离家出走更简单。老张哭了，苦了一辈子的老张第一次不成熟地觉得委屈。女人不知道什么时候走的，老张边哭边走到窗前，看见门前那棵树一夜间秃了，光溜溜地望着自己。

“没有一只好鸟。”老张倚在烂木门边又点上一支烟。除了等待，现在的他好像也没有什么其它的选择。

第四章 白雾

银灰色的浓雾将城市团团封锁，马德里街边白桦树的枝干齐刷刷地伸向远方的白色幽灵。放眼望去，各个店铺大门紧闭，四处人影罕迹。深冬了，人们的活动范围不断缩小，正昼夜不歇地蜷缩以回归本真。

缥缈间，方一听见远处传来一声声什么的鸣笛，急促不刺耳，反倒显得有些温顺，好像被白色紧紧裹挟般，消掉了最后的锐利。

紫色商务车沿着相反方向走，轮胎轻盈放松，路旁被各类杂草充盈，结着精致的冰粒子，在僵硬地张牙舞爪。可是在方一眼中，这些景象好像又空空荡荡，因为脑海里是一片空白，眼前的所有仿佛都不复存在。

这段旅程是一个断层，一次意外的交通事故，一个车水马龙间的巨大塌陷。

不知道走了多久，房屋开始被抛诸脑后。就在城市隐去身影的同时，车子义无反顾地驶入深夜。五双眼睛在黑暗中愣愣地睁着，像是在等待谁开口，又或是谁也没有打破寂静的企图。可是这样的企图从每个人的脚跟开始生长，缠着下肢盘旋上升，绕过小腹直抵胸腔，挠得每个人都有点心痒痒。嘴巴成了石头，任由思想受尽折磨。

越到夜深，方一越觉得瞌睡全无。为什么坐了这么久的车还没有到？她打开手机导航，将目的地设置在酒店，发现还有几公里的路，车子并没有离开机场多远。这和下午等车时的感觉出奇地相似，对时间的感知力被一股莫名的力量减弱了许多。现在只过去了二十分钟，自己却感觉有两三个小时那么多。

方一把手机合上。夜晚带着许多秘密笼罩在四周，方一能感觉到它的许多触角正在附近试探，像是在寻找着下一个猎物。

上一个猎物会是谁？猎人的白色织网已经将他们轻柔地包裹，毫无觉察的猎物手脚被缚住，直到无处可逃，才被带去了不可知的地方。

方一不安地小睡了一会。在梦里，飞机的小桌板上摆着一盆巨大的捕蝇草，砖红色的盆外观与黑色土壤的搭配毫不违和。桌上的捕蝇草正在拍打着它绿油油的叶片，好像湖里的大闸蟹挥舞着大钳子。一只蓝色的巨型苍蝇小心地在叶片上挪动，这只苍蝇大概有手掌那么大，于是捕蝇草的口水一直流一直流，滴滴答答地流到小桌板上，又流到自己的裤子上，留下了奇怪的印记。

“哦，对不起。”

方一听见声音一下子醒了过来，睁眼看见身边的梁校文一脸歉意。

“我水杯盖子盖歪了，不小心打湿了你的裤子。”

方一低头伸手一摸，果然湿漉漉的，天气逐渐转凉，车里的冷气又开到了冰窖模式，这冰冰冷的裤子令她有些不快，但她还是说，“没事没事，空调这么冷，一会就干了。”

说完她正准备坐好，车子忽然猛烈颠簸起来，方一的身子惯性往前仰去，眼看头就要磕到地了，被一只手猛地一拉。又是梁校文。

“太危险了，”方一自言自语，“谢谢。请原谅我除了谢谢不知道该说什么。”她对梁校文说。

“是挺危险的，你还是系好安全带吧。”梁校文很自然地将手环过她的腰，扯过右边的带子为她系好。方一僵硬地坐着，等他完善这一系列动作，没有道谢。

“什么也不用说，什么也不用做。”

这是陌生人之间的默契，方一第一次听到有人把这件事提了出来。

梁校文的话令她觉得有些古怪，但也说不上来为什么。五个人坐在同一辆车里驶往相同的目的地，不过是几条没有瓜葛的线意外地发生了交织，过了这一站，大家又要重新奔着自己原来的方向义无反顾。

车子又开始颠簸，颠的人头皮发麻。不知道为什么，虽然在陆地上，但这样的颠簸好像比坐飞机时的气流颠簸更令人不安。正当所有人不耐烦地忍受着不适，突然，后备箱“哐当”一声，有什么东西重重地滚动了一下，撞得后车厢盖一声巨响，吓得所有人的眼睛都睁大了。车子好不容易行驶到平缓地带，减速停下。司机才转过头来问道：“什么东西掉了？”

“不知道。”张怀达说，“兴许是哪位的行李箱倒了吧。”

司机小声骂了一句，拉开车门又猛地一摔。他下车去看，好像很快消失了。方一定睛一看，才发现车外的浓雾已经浓到了伸手不见五指的地步。按照下车的行动速度，消失的司机会在八秒内游走到后面，方一估算着时间，紧接着便是后备箱打开的声音，一分不多一秒不少。司机开始挪动箱子，试图把它们重新排列好，左推右推，行李箱之间碰撞着，蹭出“噼噼啪啪”的声音。

忽然一切都戛然而止。

寒气猛地从后背袭来，马德里的夜怎么这么冰冷刺骨，方一倒吸了一口凉气。随着寒气来袭的还有一股奇怪的白色，将车子的里外团团锁住，悄无声息地侵蚀着可以触及到的每一个物体，每一具躯体，钻入肉眼不可见的缝隙和每一寸毛孔，包裹血液，使得流速变慢，体温降低。

方一摸摸自己冰凉的后颈，光滑得像是世界上任意的一块鹅卵石，连滚烫的手指触碰都没有了感觉。刚想开口，坐在窗边的女人忍不住说“师傅麻烦您快点，检查完了赶紧把后备箱关了，怪冷的。”

司机没有一丝声响，方一回头去看，后座的男子双眼紧闭，仿佛掌握着某项高超秘术的忍者，在寒气中独自修炼绝佳功夫。

视线渐移至后车厢外，一个朦胧的身影站在浓雾中，黑色长裤若隐若现。司机的浅色上衣完全消失在了迷雾里，好像已经被浓雾吃掉了上半身，只留下一条直立的黑裤子。裤子与浓雾之间，黑色与白色的边界苦苦斗争，互相拉扯着争夺残存的界限与存在感，于是黑色站立愈久便愈发不完整。

“师傅……，师…傅？”方一试探地询问。

所有人的眼睛齐刷刷望向深不可测的浓雾。

浓雾中还是没有一点声响，方一紧紧地盯着那条黑裤子。良久之后，黑色长裤终于晃动了两下，向前走近。司机无神的脸逐渐清晰，眉毛杂乱，眼角下垂，唇边的赘肉掩盖不住过多的脂肪，杂乱的鸡窝头耷拉在两边鬓角的斑白上。

他嘴唇动了动，幽幽的声音传入每个人的耳朵：“你们，都下车来，看！”

另外四个人被司机的一番话弄得有些莫名其妙。在这样危险的公路上，有什么会比赶路更令人牵肠挂肚？将这一班客人送达目的地，才能接下一班客人，当乘客和司机的目的不一致，平衡遭到打破，大家都纷纷准备下车一探究竟。

“呜——呜——”

就在这时，一声锐利的汽笛不知从哪里钻出来，仿佛一辆巨型火车从身边呼啸而过。汽笛声杀入只有五人的狭小空间，刺穿心底，每个人都在瞬间痛苦地捂住耳朵。

第五章 失忆者 老张

那个女人离开了家之后，张怀达想对自己的人生进行深刻的反省。失去可以是一夜之间发生的事，也可以从过去的某个瞬间不经意地开始，直到一无所有。可是他摸摸口袋里仅有的几千块钱，不知道该从哪里开始反省。

张怀达穿上外套，准备出门去把少年找回来。临走的时候看见门口放着一只熊娃娃，还是少年很小的时候他给买的。

和今天不一样，那天是个大晴天，张怀达带着一个叫张小旗的男孩走在公园里，游乐设施玩了一圈男孩依旧精力充沛。男孩很小，对什么都感到好奇。

“爸爸，我要气球。”男孩指着路边一堆气球说。

“气球玩一会儿会没气。”张怀达对他说，“爸爸给你买个能一直玩的好不好，你以后看到就要记得爸爸。”

“好。”张小旗乖乖地说。张怀达很满意，他拉着儿子走到了旁边的一家商店里，张小旗很慎重地挑了一只棕色小熊，脖子上系着一个金黄的蝴蝶结，两只黝黑的眼睛望着父子俩，下面是一个大大的笑容。张小旗看着小熊，也笑了。

“就它了。”张怀达把小熊递给收营员。

除此之外也没买过什么别的了。张怀达想到自己在儿子成长轨迹中空缺的这几年，鼻头一酸，捎上了那只熊。

小城的天气总是阴沉沉，好像被什么东西笼罩着，走进便再也出不去了。张怀达自打那日回家这样的感觉愈发强烈，他抬头看着青灰色的天空，想要大吼一声打碎什么东西。可是当他抬头的时候，却有什么东西从眼睛里流了下来。

电话响了，他按下接听键，那头传来一个他并不期待的女人的声音："找到没？"

"没有。"老张说。

"你在找吗？"

"在找。"

"我也在找。"

紧接着是一片沉默。

"那先找着吧，有什么消息互相通知一下。"

"好。"张怀达挂了电话。

路上行人寥寥，沿途的枯枝没有了叶片的遮掩只能露出张牙舞爪的本来面目。张怀达看着这幅景象，心绪万千。从男孩没几岁开始，张怀达便开始去外地务工，不得不承认，老张对他非常陌生。于是他决定从男孩出生的那一刻开始回忆。

他还记得那天，女人打电话来说要生了，张怀达找到一家最近的超市买了一包烟，两袋面条，一盒鸡蛋，匆匆往医院赶去。当时是怎么一回事来着？哦，对，是女人的一个同事送她去的医院。羊水破了，她等不到他。

张怀达恍然大悟，猛然间想起那天在医院里的脸。对对，就是他！前几天回家后在家里看到的人也是他，妈的！原来一对狗男女早就有了苗头。愤怒瞬间填满胸腔，张怀达抬起脚猛地在路边的台阶上跺了几下，扯得心脏都疼。接着缓了很久，他才点了一支烟。

然后呢？

然后他在产房门口焦急地等待，他开始思考一个非常深刻的问题，做一个爸爸。有人说女人做妈妈的时间其实比男人做爸爸的时间要长，这个说法不是没有道理。女人摸着肚子感受一个生命即将降临，男人可能还没想过这个问题，直到孩子出生的那一刻。又有多少人是孩子出生了之后都没想过这个问题？这一刻，张怀达很满足，他觉得自己已经比大多数人强了。

老张一直觉得儿子特别像自己，这一点他从不怀疑。做父亲的神奇在于看着小孩一天天长大，越来越像自己。张怀达对儿子的情感不太像父亲的爱，更多地像是一种欣赏，从出生就开始了。可惜一直欣赏到三岁，他就不得不为了以后更好地欣赏外出打工。出发的时候他随身带着一张儿子三岁的照片，后来每次回家，他都会换一张最新的。也不多，就两次。

儿子长得越来越像他，唯一不同的是年轻的张怀达非常惹人讨厌，这一点在儿子身上完全没有体现，张怀达对男孩很满意，不论多大，他都是那么地讨人喜欢。唯一令人不解的就是不爱说话，这就有点费劲了。要知道老张年轻的时候很爱扯皮。

言多必失，老张挠挠头。这个道理男孩比自己早明白，说明一代更比一代强。

想着想着，张怀达已经走到了儿子出生的那家医院，他犹豫了一下，还是走了过去。这里还是原来的样子，格局一点都没变。张怀达打量了一会儿，走向导诊台。

“你好，有没有见过一个男孩，大概这么高？”他比划着。

导诊台的人一开始没有抬头，于是张怀达耐心等待。过了几分钟那个人看他还站在那里，终于抬头看了一眼，说：“没有。”

张怀达离开了医院。

线索到这里就中断了，张怀达很失望。除此之外，老张见过男孩出现的地方只有家，这可怎么办。他能去哪呢？老张坐在医院门口抽了一支烟，还是决定打个电话给女人。

“我上医院来找了，没有。”

“你他妈有病吧，哪有找自己儿子先去医院的。”女人的声音听上去很疲惫，“你去大雁山找找，或许他去那儿了。”

大雁山？那里有一片墓园。

“你他妈才有病，哪有找儿子去墓园的。”张怀达烦躁地回答，又奇怪地嘀咕，“好好的一个人去大雁山做什么？”

“自从他姨妈过世，经常去那边。”女人有气无力地说，“好了，我还有事，再联系吧。”

电话那头传来急促的“嘟嘟嘟嘟”。老张没想到，这竟然是最后一次与女人通话。

张怀达挂了电话，启程大雁山。口袋里一个钢镚儿都没有，他估摸了一下方位，决定走着去大雁山。两小时，至多三小时肯定能到大雁山。

大雁山，大雁山。他是怎么会想到去大雁山呢？男孩的姨妈，是女人的姐姐，一个温和又亲切的人。女人的爹妈过世的早，家中三姊妹都是大姐拉扯大的。还有一个弟弟，前几年因为什么事被抓进去了，现在还没出来。

姨妈是个好人，当年和女人结婚的时候，婚礼也是她一手操办的。张怀达打从心底感谢这个女人，她对每个人都很好，但是她一直没有结婚，没有家庭。许多年后的某日，张怀达正要去工地上班，在另外一个城市接到了女人的电话，说男孩的姨妈死了，好像是胃癌晚期。张怀达听人说，这种癌症很痛苦。男孩的姨妈一直很瘦，难道和这个也有关系？他不太明白。

自己对这个女人的印象一直很好，男孩也这么喜欢他，说明儿子很像自己。张怀达很欣慰，又找到了一个共同点。

“起雾了。”身边的一个行人匆匆路过，留下一句话也不知道给谁。

好像真的起雾了，奇怪的天气。张怀达发现远方的可见度渐渐下降，被一片淡淡的白色掩盖，是自己正在前往的方向，这片雾是从那边飘来的吗？路上的人开始对坏天气骂骂咧咧，张怀达继续走着，一步步向着浓雾迈进。

一种奇特的感觉将他包裹，不晓得是谁布置下这样的障碍，把儿子藏进了远方的那片白色里。

第六章 遗失

“呜——呜——”

像是有人在悲鸣，从心底发出的惨叫一到嘴边立刻化作长长的呜咽。不论汽笛从哪里来，它的背后总归是个悲伤的故事。它穿过白雾抵达商务车里，到了耳朵边又变成锐利的武器，如刀片般划过，每个人的鼓膜仿佛有血珠渗出，所有人都在同一时间感到痛苦。

梁校文率先从未知的汽笛声攻击中挣脱出来，有些艰难地挪动身体，一鼓作气将商务车的车门打开。刹那，浓雾以排山倒海之势倾泻，争先恐后地扑面而来。

方一突然想吃苹果。

“怎么会这么大的雾。”梁校文掏出手机，想查一下天气。打开软件后，一个大大的太阳显示马德里天气晴朗，在浓雾中显得异常刺眼。这样鲜明的对比令人不悦，梁校文再仔细看了看手机，惊讶地发现：“这里一点信号也没有了。”

方一持续不安，满手是汗地摸出手机。待到屏幕亮起，果然信号框上画着一个巨大的叉。她紧随着梁校文下了车，毫无防备地置身于浓雾之中，四周不见任何事物的踪迹，完全无法判断身处何地，只有脚下的水泥地似乎还在提醒着人工的痕迹。

“我去周围看看。”梁校文大胆地向浓雾深处走去，恍若一步迈入空旷的无人之境。

浓雾深处会有什么？是山？是树？是街道？还是田野？会不会有谁藏在不可见的地方？还是说，浓雾中冉冉腾起的水珠就是无数双眼睛在盯着他们。

“等等。”方一身后的老头大声招呼道，“年轻人，你别过去。我们先去看看后备箱，司机还在等着呢。”

梁校文的脚步立马停住了，他收起敏锐的雷达和处决，停顿了一下，转过身不好意思地说道：“开小差了，光顾着好奇雾和周围情况了。”

三人走到后备箱，坐在车里的女人看身边人都走完了，才战战兢兢地也下了车，和大家站在了一起。走到司机身边，发现司机的神情好像死了一般，四个人顺着司机的目光看去，后备箱赫然摆着一个黑色的长型行李袋，直愣愣地横在行李箱的上方，和下面摆的整整齐齐五颜六色的行李箱相比，显得十分突兀。

“到底发生什么了，师傅。”

“你叫张怀达？”司机开口问道。

“是的。”

“你叫刘虹梅？”司机转头看向女人，表情恐怖，眼睛深不可测，把她吓得不轻。

“对……”刘虹梅躲避他的目光。

还未等司机看向梁校文，他抢先回答：“梁校文。”

“方一，我叫方一。”方一紧跟其后。

司机把目光重新看向后备箱，众人的行李箱被白雾掩盖，只剩下一大团黑色。张怀达打算上前一探究竟，把行李袋的拉链拉开看看到底是怎么一回事。被司机呵斥住。

“慢着，谁也别动。”司机听上去很凶。张怀达犹豫了一下，还是缩回了手，退了几步。

这次司机走上前两步，又转过身面向大家。他神情严肃，脸色稍显苍白。“我中文名叫马卫，把你们都叫下车的原因是，我发现……行李袋里面，装着一个人。我劝各位在没有找到凶手前不要接触物证。”

方一下意识问道：“装着一个人？那他……还活着吗？”司机看着她，像在看着一个傻子。方一这才捕捉到刚才马卫提及的一个词：凶手。有人死了，尸体就放在车子的后背箱里，一场谋杀案正在上演，所有人登时面色苍白。听到这句话，梁校文倒吸一口凉气，张怀达面无表情。

“这里怪吓人的，我们还是上车好不好。”刘虹梅觉得有点心慌，深不可测的浓雾让她感觉随时会有什么东西扑出来似的，人们总是对未知的东西怀有无尽恐惧。大家点点头，赞同这个想法。司机把后箱盖重新合上，不敢施力，好像会吵醒里面躺着的那个人。

五个人重新上了车，梁校文和方一依旧坐在原来的位置，女人紧紧靠着她位置那一边的车窗。为了方便讨论，也为了离后备箱里的尸体远一些，司机和张怀达坐到了前面。

寂静笼罩着五个人，谁也不知道该怎么开口。刘虹梅紧紧地攥着手里的袋子，望着地面发呆。

“我们四个刚下飞机，怎么可能带这么大一件东西托运过来。”张怀达第一个打破沉默，抬头盯着司机问，“是不是你自导自演的一出戏？马师傅，开车带我们到这种偏僻的地方来想要陷害谁。啧啧，手段太过拙劣。你别忘了，我们可有四个人。”

“老头，你别血口喷人。”马卫有点生气，“我知道现在没有人会承认这是谁的行李袋，但是我必须申明，我没有故意开车带你们到这里，实际上……是我找不到路了。这件事情说来也奇怪，我明跟着导航一直在开车，没想到……”

车子开出机场的时候，马卫习惯性地划开手机，调到 GPS 导航。他悠哉地跟着导航向市区开去，一切都在计划之中。可是过了没多久，手机突然显示 GPS 信号失灵，便一直开至了空旷区域。

马卫不敢停车，免得让车内乘客意识到情况异常。他暗自一边开车一边研究到底出了什么状况，手机反反复复地重启着。这时，他顺便把文件夹和文件袋拿出来给车上的人，让他们签字交钱。等到大家都签完字交完钱，手机完全不听使唤，导航依旧处于失灵状态，马卫看着身边呼啸而过的汽车，并未将这件事放在心上。要知道他从机场到市区的路自己已经不知道开了多少次，没有导航他也能开到目的地。

于是他将手机关了，重新启程。

“所以你的手机是第一个没有信号的。”梁校文说，“那么其他人呢，现在谁的手机有信号？”大家纷纷拿出自己的手机，无一例外地都没有信号。

“不，我应该是第一个发现没有信号的。”马卫纠正，“第二件事，我每次到后备箱都是帮你们放行李，从来没有单独去过。所以，后备箱里的东西肯定是属于你们四个人中的一个人，也就是说，凶手在你们中间。”

“凶手”这个词的出现一下点醒了众人，大家再次被提醒着一起凶杀案发生在附近，凶手可能就坐在身边，自己正身处于一个分外危险的环境里。所有人都屏息凝神。

“可是怎么证明你没有单独去过？大家刚下飞机都非常疲倦，没有人会去注意你做了什么。而且就像我刚才说的，这个行李袋可能是你提前放在车上的。”张怀达坚持自己的观点，“然后又开车把我们带到这个奇怪的地方来。”

“我为什么要这么做？然后让你们到了现在发现？刚才所有人都看见了，黑色行李袋放在所有行李的正上方，显然是直到最后才被放上去的。”马卫也毫不避让，“正如你刚刚说的，现在你们可以四个人对付我一个，我为什么要自讨苦吃？”

张怀达不屑地看了他一眼，说：“如果你想要把这件事嫁祸给我们之中的任何一个人，把车开进偏僻区域，再将锅抛给我们也说的过去。我想要纠正的是，问题的设定范围不应该是四个人，而是五个人，你别想把自己先撇干净。依我看，这件事发生的太过蹊跷，目前看来雾也不可能在短时间内散去，今晚做好在这里过夜的打算吧。”

马卫愤愤地瞪了张怀达几下，其他人都没有说话，有人悄悄叹了口气。所有人的心思又重新回聚焦回后备箱里的黑色行李袋上。

是谁把它带来？里面装着的是谁？凶手真的就在五个人里面吗？

所有人就这样在车里又坐了一个小时，时间已经过了十一点，车外的雾气也丝毫没有要散的一丝， 甚至还有愈发浓烈的趋势，所有的窗户像被贴了一张白纸。马卫将车熄火，把车灯关上了。方一没有一点困意，如同在白日般清醒。她小心地趴到窗户边仔细地看着外面，只能在细看的时候感觉一些白色的细小颗粒在眼前缓缓向未知处流动，浓雾便是成千上万颗粒的巨大集合，令人分辨不清。盯看浓雾时，方一感觉时间再一次变慢了，时间开始配合这些颗粒的流速，从一变成原先的二分之一，从二分之一变成四分之一，再从四分之一变成八分之一……

梁校文掏出口袋里的东西看了看，似乎是在看时间。接着他思考了一下，还是决定把话题重新提起。“都醒着吗？”梁校文开口问道，“既然如此，不如聊聊各自来马德里的目的，兴许，能有点头绪。”

第七章 失忆者 老张

大雁山在城东，只有大雁山，没有大雁塔。山上住着很多很多人，很多很多，可追溯至附近城镇一家人往上四五代。所幸大雁山不只一个小山包，而是一片连绵的脉系，因此再多住些人也不是问题。

山上郁郁葱葱，各类植物长势喜人，不缺参天大树，没有恼人的城市气息，也算是工业化留下的最后一点善良。进山的路盘旋而上，一条泥泞的勉强容下两辆车的路，藏在茂密的丛林间。张怀达此刻就顺着这条路走着，他的廉价布鞋底已经磨的差不多了，鞋跟的部位有些摇摇欲坠，沾着泥土和树叶的外套也显得分外邋遢。不知道哪里来的迷雾肆无忌惮地在他周围扩散开，笼罩山间。时间已近傍晚，浓烈的白色使人不分昼夜。

张怀达忐忑又大胆地走进雾中，两种复杂又极端的心境交织在一起。他怀里还揣着那只小熊，紧紧地用胳膊夹着，生怕一不小心掉进这潭白色旋涡就再也找不见了。可是他有更重要的东西被人丢在了这里，一个在这个世上和他唯一有血缘关系的人。

过去的十几年，他做过许多错事，其中这个错误最大，说难听点，可以算是“抛妻弃子”了吧。但是他能有什么办法，一家老小，总得有人养活。

女人跟别人跑了，他已经不作指望。于是张怀达想要找回儿子，想要重新抓住，就像拿着这只小熊一样简单，他明白这是一次机会。可他同时知道这很困难，困难的原因究竟是什么，他也不知道，可能是这片雾隔在了他们父子之间。

想到这里，张怀达有些气愤，他扑向浓雾，想伸手去打。

什么也没有，什么也摸不到，什么也抓不到，因为他就身在其间。

“小旗。”张怀达走在山间喃喃自语儿子的名字。没有人回应他，张怀达继续走着，他估摸着离墓园应该还有些距离，但是很多年没来过了，他也不清楚还有多远。

“小旗。”他的声音更大了些，于是这个名字被十几米外的树木听见了，它们的叶片沙沙作响，还是没有人回应。他已经很久没有叫出过这个名字了。张怀达想，儿子平时身边的人会不会经常叫这个名字呢？他有点担心张小旗已经忘记自己是张小旗。

“小旗！”张怀达吼了一声，震得山谷间都有了回响。他听着这个名字在大雁山许多地方飘来荡去，掠过无数树木石头，还有蛇与飞虫，最后又飘回了自己的耳朵。依然没有人回应。

“小旗。”他重新恢复喃喃，不知道说出这几个字的目的是被人听见，还是说给自己听。

张怀达跟随记忆在山上摸索了很久，树木都长得差不多，让他有一种在兜圈子的感觉。他停下来站在原地休息了一下，又定睛看向前方的丛林深处，隐隐约约地发现了一块牌子。张怀达目光紧紧地盯着那块牌子，直直地跑了过去，只见上面写着“洪福圆满”四个字。

张怀达一拍手，可算找到了。

他长呼一口气，恍惚间好像还听见了汽车之类的声音，混合着些类似汽笛的东西，他猜测可能是开车来扫墓的人。不过他现在也管不了那么多了，只想找儿子。

他沿着牌子的地方跑了几步，看见有路和箭头。张怀达沿着那条路走了一小段，一排排黑色墓碑整齐地排列着。“张小旗？”张怀达试探性地问。墓碑没有回应，只有一张张凝固的脸，友善地看着他笑。张怀达向四周望了望，一个人影都没有。他又拿出手机，拨打了女人的号码，传来了无人接听的提示。

“这女人不会在耍我吧？”张怀达心中不悦。

他一圈圈地走着，想要找到女人的姐姐。毕竟生前对他那么和气的一个人，自从去世之后他也从没来看过。张怀达仔细地辨认着一张张笑脸，最后终于在一块黑色墓碑前停下了。1956 ～ 1995，黑白照片上的女人笑容亲切，微卷的头发别在耳后。就是这里了，张怀达环顾四周，虽然很干净，但是其它的墓碑前面都摆着鲜花，这里什么也没有，不免有点凄凉。

张怀达想了想，把怀里的小熊掏出来，又到旁边的树林里摘了点鲜花，一同放在碑前。

这么晚了，儿子既然没来墓园，会去哪呢？

正琢磨着，一个身影从眼前闪过，他猛地一抬头，看见一个少年的身影隐约地从墓前飞跑过去。

“小旗！”张怀达迅速认出了这背影，他连忙追了上去。墓园在半山腰，少年在往山顶的方向奔跑，张怀达也顾不上那么多，紧紧地追赶着，生怕雾太浓了一下就看不见了。突然，少年的脚步停住了，猛地转过来看着他。张怀达被儿子的反应吓了一跳，赶紧停住脚步，也不知为何不敢走近。两人隔着七八米的距离四目对望。

浓雾在二人之间流通，不存在任何实质性的阻隔，却化成一堵厚厚的墙。张怀达的心底泛起一股沮丧的陌生，将他与儿子永远分离。

“回家吧。”张怀达说。

“回哪里？”张小旗问。

“跟我回家。”张怀达语气坚定。

少年定定地看着他，眼神异常镇静，张怀达在他的眼神中居然有些露怯，一时间竟萌生出了逃离的念头。

他看不懂自己的儿子。

“我、不、认、识、你。”张小旗一个字一个字地回应，“所以，你也别再跟着我。”

“你怎么能不认识我呢？小旗，我是爸爸。”说到爸爸，张怀达感觉被一股力量撕心裂肺。

“我没有爸爸，我也没有妈妈。”张小旗怪异地看着他，面无表情，“我是她的孩子。”少年用手指着张怀达身后。张怀达顺着他手指的方向回头望，看见了一排排墓碑。

小旗在说他姨妈吗？什么意思？他为什么说自己是姨妈的孩子？张怀达还想问个究竟，他一转头，看见儿子拼命向山上跑去。

“唉！别跑！”张怀达重新开始追赶。少年好像已经想好要去哪里，在一个转弯的地方迅速冲向林间。张怀达慌忙跟过去，发现林间有一条人迹罕至的小路。“小旗！”张怀达害怕树太多儿子一下就没影了，焦急地喊着。

小路没走多远，张怀达就听见了流水的声音，“哗啦啦哗啦啦”作响，他猜测是林间某条溪流。越走进树林，流水声越大。张怀达拨开藤蔓和枝叶，终于看见了流水的真面目。那是一条湍急的河流，腾腾地翻着白雾，河流上立着一座石桥，看上去有些年代了。张小旗就站在石桥上看着自己，

“小旗，快下来，危险。”张怀达害怕儿子一个不留神就翻下桥去了。

听到他说这话，少年莫名其妙地笑了。张怀达没有明白儿子什

么意思，这时候，张小旗说：“你别追我了，快走吧。”

“你不跟我回去，我怎么能走？”张怀达慢慢走近石桥，“你妈这几年对你不好吗？”

“你别过来。”少年一瞬间变得冷漠，语气凶巴巴的，“你再过来，我就从桥上跳下去！”

怪事。少年说到桥，张怀达才有点清醒过来。大雁山从来就是这周边几个城镇殡葬用地，怎么会有河流和石桥？山下也没有江河，那这些水都流到哪里去了？张怀达越想越觉得事情蹊跷，他冲儿子喊：“小旗，你听我说，有什么事我们回家聊好吗？你有什么想说的，可以跟爸爸说说。爸爸就在这呢。”

“你说什么呢，我又不认识你。”少年咯咯笑了起来，越笑声越大，变成哈哈大笑，笑得满面通红，笑得肚子疼手捂上了肚子。“哈哈哈……”

少年越笑越厉害，面部有点扭曲，笑得张怀达心里发怵，“小旗，你怎么了小旗。”他三步并作两步冲上桥去，少年笑着笑着在他面前突然一个仰面，翻下桥去。穿着格子衬衫和牛仔裤的单薄少年消失在了茫茫白雾之中，在大雁山，阳光无法穿透的枝叶会划伤双眼，再高的山脉也阻挡不了白色的侵袭，河流亦可以吞噬一切。

“小旗！”张怀达猛地冲过去，大喊着伸手去拉，也没有拉住儿子的衣服。

“小旗……”张怀达绝望地冲着桥下的水流大喊，可是除了哗啦啦的声音什么也没有，连水流也看不见，都藏在了白雾下面。什么也看不见，人落入水中和一片树叶落入没什么区别，不一会儿就没了踪影。况且他并不清楚张小旗的水性如何，这样一想张怀达愈发绝望了。

“小旗！”他一遍又遍地叫着儿子的名字，双手在雾中乱扑腾。“怎么办呐，小旗…….”河流听上去十分湍急，张怀达犹豫了一会，把外套和鞋子脱了，准备减轻点重量再跳下去救人。这时手机突然震动起来，张怀达一把鼻涕一把眼泪地拿起电话。

“您好，我们这边是公安局，需要您现在过来一趟。”

公安局？这三个字一下点醒了张怀达，他两只手紧紧握住电话大喊：“警察！警察快来啊！我儿子掉水里了，快来救他！快！”

“儿子？什么？您现在在哪里？”

“大雁山！大雁山！”

说完这几个字，他便倒在地上失去了知觉。

第八章 陷阱

梁校文话音刚落，尖锐的汽笛再次响起，这一次是从很远很远的地方传来，像是仪式上一句宣布开局。听到梁校文这句话，四个人重新清醒。梁校文掏出随身的烟和打火机，“谁先来说？”他点上了一支烟。

张怀达头也不抬地说：“车里空间这么小还是别抽了吧。”梁校文听罢，又猛吸了一口，然后缓缓吐掉，才把烟掐灭。

“我没什么好说的。眼下等到天亮，找路、报警，把后面那位留给警察。”张怀达闭着眼说。

“我来出差。”梁校文并没有理睬张怀达，自顾自地开始交代，“我叫梁校文，普通白领，公司派我来马德里办点事情。”

“什么事？”司机低声问。

“商业机密，我没有义务告诉你。你只需要知道我是来出差的。”梁校文不看司机的眼睛，扭头示意刘虹梅，“你。”

刘虹梅艰难地皱了皱眉，“我叫刘虹梅，我……随便买了张机票，莫名其妙地来了。”

“包里装着什么？”梁校文的余光瞟向女人脚下的黑包。刘虹梅紧张地在座位上缩了缩，“秘密。”

“秘密？”马卫冷笑，“大姐，你是来搞笑的吗？你那里面不会装着凶器吧？我看，你嫌疑很大啊。”

“我没有！我没有杀人！我怎么敢杀人！”刘虹梅连忙摆手，“我们是不是应该先搞清楚，他……，到底是谁？”刘虹梅不安地看了眼后备箱，声音有些颤抖，“什么时候死的？难道是有人趁着我们在车上的时候偷偷杀死的？”

“刚才没有人去过后备箱，所以我认为，铁定是我们车上某个人带来的，不然凭空出现，解释不过去。”张怀达盯着司机，语气不太友好，“我提议先把他绑了。”他指了指司机马卫。

“我就在这坐着，我不跑。”马卫一脸无所谓的样子。两个人你一嘴我一嘴，“既然没有结果，那天亮交给警察就完事了。”张怀达别过脸去不再说话，车里重新恢复安静。

方一似乎能听见窗外有风呼啸而过，轰隆隆的声音像是从很远很远的地方吹过来。寒气从车门缝里溜进来，车子没有发动，她却感觉温度下降了许多。方一从包里掏出外衣裹上，重新坐好。想到车后备箱里的尸体，方一有些发怵，把衣服裹得更紧了些，希望可以把这一夜熬过去。

突然，方一瞳孔放大，一下呆住了。

手机屏幕上显示 12:46，和她第一次掏出来看的时间一分不差。可是马卫和张怀达两个人已经争吵了一段时间，按道理最起码过去了三五分钟，可是时间依然显示是 12:46。

“现在几点了？”方一试探地问其他人。

“12:46.”梁校文回答道。

“时间好像停住了。”方一小心翼翼地说。

马卫不解地看了看她，说：“姑娘，要是累了就睡会吧。”

方一没有说话，继续看小说。不对劲，一切都不对劲，突然出现的黑色行李袋，奇怪的酒店巴士……她的指尖溢出冷汗，划屏幕的手指微微颤抖，触屏变得不太灵敏。

又等待了好一会，方一再去查看，发现时间依旧是 12:46。

“时间停…”方一有些激动地开口，话说到一半，就被张怀达严厉的声音打断。只见他猛地抓起马卫的手，凶神恶煞地瞪着他，“你刚刚在干什么！”

“我…我干什么了？”马卫看着他，一脸莫名其妙，想把手抽回来。张怀达扼腕的力气更大了些，将马卫的手举了起来。张怀达的举动很快吸引了其它人的注意，大家都纷纷凑了过来。方一似乎能嗅到空气中些许烟草的味道。

“小伙子，你这个习惯可不太好。”张怀达眯着眼睛，看着他，“你为什么会搓烟？”

“搓烟？什么意思？”刘虹梅好奇地凑了过来。

“一种消除指纹的方式。长期这样，指纹会被烧灼的烟烬慢慢磨掉，指腹光滑，做事不容易留下痕迹。”张怀达说着，把他的手拿过来捏了捏，“但是手上会留下很多被烟灰烫伤的细小痕迹。年纪轻轻，手却成了这样，能是什么好人。”张怀达鄙夷地说。

马卫的脸很快冷了下来，把手猛地收回，语气充满恶意，“和你又有什么关系，老头，别多管闲事！”

“现在几点了？”方一冷不丁地又问。

“12:46。”梁校文继续回答。

“刚刚是几点来着？”两个人的对话终于引起了张怀达的注意。

马卫看看自己的手表，“靠，我还以为我手表坏了呢，时间怎么没走，”他挠挠头，“这都什么事！”

张怀达这才反应过来刚才方一并没有在开玩笑，一下愣住了：“这地方有点邪门啊……”他掐了掐自己的大腿，“你们这一个个的，是人是鬼……”

“嘿，你这老头怎么说话的呢？”马卫有点不高兴，“我现在担心如果时间停止了，我们岂不是要被一直困在这个鬼地方？今天晚上无论如何也过不去了？”

听完马卫的话，张怀达更是气不打一处来，“你他妈到底怎么开的车，把我们带到这个鬼地方来！”他愤怒地一把揪住马卫的领子。梁校文慌忙上前劝架，费了好大劲才把两人分开，他说：“快息息怒，我们五个人中，只有他对马德里的路还算熟。你要是把他结果了，那我们可真的出不去了。还是等等看，看雾会不会散吧。”

方一坐在那里若有所思，过了一阵子，她把手机关机，丢进了包里。“大家听我说，第一，既然没有信号。我提议大家现在把手机关机节约电量，等到有信号的时候会派上用场。”

几个人想了想觉得有道理，纷纷把手机关了。窗边的刘虹梅好像已经睡着了，没有动静。

“第二，我觉得我们陷入了一个时间陷阱。”

张怀达有点没听懂，“时间陷阱？什么叫‘时间陷阱’？”

“这个我之前好像听说过，是身处时间之后的人给处在时间之前的人布下陷阱。之所以叫‘陷阱’，因为前面有一个引诱的过程。我猜大概就是马卫 GPS 失灵那一段时间开始，后面引诱他把车子开到这里来了。”梁校文说。

方一联想到以前在某个犄角旮旯的地方看到过的故事。时间陷阱的产生似乎不是梁校文说的那么简单，跌入陷阱的人一定是逐步被某些事件一步步牵扯进来。设置陷阱的人目的是什么，目前还不好下这个定论。但是有一点可以肯定，这具突然出现的尸体，还有时间陷阱，一定和车上的人有关系。

方一环顾车上的几个人，老头张怀达，看上去层次不高，有些喜欢卖弄自己，在国内估计最多是个城市贫民。马卫，典型的在国外街头四处乱窜的异乡人，或许打过很多份工，无论在哪里都可以很娴熟地活下去。刘虹梅，一个胆怯的女人，和她紧紧守着的袋子一样神秘，应该是第一次出国。

梁校文。方一有点卡住了，他好像不应该出现在这里。

可以确定的是，这个故事一定包含了张怀达，马卫，刘虹梅三个人。那么自己呢？她自己应该出现在这里吗？不知道为什么，方一突然失去了自证的自信。自己和她们到底因为什么千丝万缕的联系纠缠在一起了。

“滴答滴答…滴答滴答”。在机场门口听见的清晰的声音再次在耳边响起。那个时候的时间，还是在流逝着，还是在向前走着，带着她去往她应该去往的地方。一切的一切看上去完美无缺地运作着。她订好了机票，她可以望见的完美假期，假期之后她将顺利回国，去到一个新的城市，开始一段新的生活。可是谁能想到这些东西的底下覆盖着一个巨大的陷阱。

是时间。没错，是时间陷阱。

如果这里的每个人都有自己本来的打算，每个人都在望向仿佛可以触及到的未来时突然下陷，难道这个陷阱是给每个人准备的？这是一个共同的陷阱？如果命运允许她逃过一劫，如果命运判定她不属于这个陷阱，为什么没有一个契机，让她下车离开呢？

方一绝望地看着眼前这几个人。到底是什么将她过去的人生与他们捆绑。她百思不得其解。在明了她的确不知道原因后，为了找到这个问题的正确答案，她还是不得不把它抛给其他人。

“陷阱针对我们之中谁来设置的呢？”方一喃喃道。

马卫着急地说：“还是先想想怎么逃出这个陷阱吧。”

张怀达接着方一的话分析道：“她说的有道理。如果真如你们说的那样，存在什么时间陷阱，要是搞明白是为谁设置的陷阱，说不定可以从他身上找到一些逃出去的线索。”

“所以，破除时间陷阱的方式是得找到线索。”马卫若有所思点点头，“大致我明白了。”他拿出手机，又看了看表，“不出意外，说了半天话依旧是 12:46。如果没有别的解释，我暂且相信你们说的是对的。”

“如果陷阱是有人故意设置的，沦落到这个地步肯定是和我们其中一个人有关系。最好每个人都来聊聊自己，”梁校文继续提议，“每个人的故事聊清楚了，后备箱是谁也好解释。”

后备箱的死人作为线索存在于陷阱，只是为了引诱出猎人想要得到的东西，其实不一定真实存在？也就是说，那不是一具真正的尸体。方一若有所思地瞄了一眼后备箱，但没有把这个想法说出来。

一具不存在的人，意味着一个早已在世界上消失的人。有没有可能就是他设置的陷阱，伪造出自己死亡的另一个平行世界，诱惑所有人进入呢？这个逻辑似乎可以说得通，但对帮助他们离开这里好像没什么帮助。他想通过这个契机知道什么？方一决定先不贸然到后备箱查看他的身份，先观察下其它人的反应。

“这个人，你也许认识。”梁校文忽然拉过张怀达的手，在他的手心里写下了一个名字。张怀达写得猛地把手抽回，“你怎么知道这件事情的？”

旁边的人根本看不懂两个人在打什么哑谜。得到了张怀达的认可，梁校文倒是很高兴的样子，说：“看来你来这里确实是在找他，那不如你先来和我们说说吧。”张怀达沉默了好一会。梁校文在他手心里写下的名字正是他一直在寻找的儿子：小旗。小旗，他写下的就是小旗两个字。这个名字就像一根刺，深深地扎在张怀达的心上，怎么也拔不出来。

“你怎么会知道？”张怀达眯着眼睛，问梁校文。梁校文耸耸肩，说：“他失踪了那么多年，很多人都在找他。”

张怀达叹了口气，说：“我是余城人，二十年前，我儿子突然失踪了。我到处去找都没有找到。”

“后来你晕倒了。”梁校文接话。

张怀达有些讶异，点点头，“你怎么那么清楚。对，找到后面晕倒了。我醒来的时候已经在医院里。去的那座山本来也不大，但是那天我跑的特别累，后来医生跟我说我内脏器官损害非常大，才导致了后面的休克，但不知道具体什么原因造成的损害。”

梁校文说：“你有没有回去找过？我是指，回大雁山。”他可以将重音放在了大雁山三个字。

“当然回去过，而且警察在我之前已经上过一趟山了。他们之前派人来找我做过笔录的，我什么都说了，一个字没漏。可是后来他们去了，石桥、河流，那里什么也没有，更别提我儿子了。那天山上的雾真是邪门啊，我现在还有点后怕。”张怀达瘆瘆地说，“也是今天的雾提醒我了这件事，和那天挺像的。”

第九章 失忆者 刘虹梅

刘虹梅一如往常地在这个周末走进那个封闭式小区，保安朝她点点头，开闸放她进去。她的黑色 LV 与她嘴上那廉价的口红是那么不般配，艳俗的玫红色将唇上的死皮衬得更加明显。刘虹梅是不服老，在同龄女性中她已经算是佼佼者。女人到了三十多岁，都是为家里操心着。她也为家里操心，每天洗衣做饭，到了傍晚才有时间去打麻将。是佼佼者没错，但就是没有办法保养。

没钱。

那些女星可就是真真地令人羡慕了，不管多大年纪都看起来像二十岁的女娃娃，皮肤水嫩白皙，脸上没有一点皱纹，身材也永远不会走样，但听说这样开销很大。刘虹梅想要变美并不是为了别人，她也说不上来是为什么。只是上了年纪的一点幼稚幻想，就好比古代帝王想要长生不老。

钱钱钱！又是钱！她烦躁地跺着脚，气恼家里那个不争气的老公。没办法，这次要向陈局多要一些红票子，听小刘说打水光针很显年轻。她准备多打几针，好在下个月的同学聚会上炫耀一番。陈局上次特意给她带的 LV 比她这点小小要求可高得多，他都满足了，这次一定也不会拒绝。毕竟变漂亮了，他看着也舒服。这么一想，一切都变得顺利且合理可行，她的心情又愉快起来，踩着高跟鞋的步伐轻盈地踏进电梯。

“你来了。”钥匙旋开防盗门，里面的烟味直往外冒。

“你在干嘛，家里着火了吗？”刘虹梅试探地问道，不敢进去。

里面传来一阵笑声，一个五十多岁的男人从里面走了出来，“怎么可能，真傻。”他一笑，鱼尾纹咧到了耳朵尖。

男人把烟掐了，穿着拖鞋啪嗒啪嗒到了里屋。刘虹梅小心翼翼地拎着包跟在他后面。“我不是告诉你了，不要拎这个包在我面前吗，你平时自己用就好了。”

“我这不是觉得挺好看吗，你以前给我的东西我也都用了，怎么这次…”刘虹梅话出口才住了嘴，赶忙又问道：“陈局，你有什么烦心事吗？”

男人没接她的话。刘虹梅尴尬地将包放在外面，进了里屋。屋里很昏暗，男人躺在两米大床上，闭着眼睛，像死了一样。刘虹梅坐在床边正准备褪去丝袜，只听身后的人说道：“我来帮你。”说完就过来帮她。刘虹梅震惊地看着这个人，心里竟然有点感动。自己家那位已经多久没帮她做过这样的事了，那个只知道回来睡觉，大清早就消失的人。

“干消防这行，不容易啊。”男人突然说。刘虹梅吓了一大跳，还以为这个男人有什么读心术之类的能力，一下就看穿了她的心思。

男人说完这句就将她扑倒。屋里面晦暗到好像墙壁上长满了苔藓，那或许又是什么窗帘的影子，歪歪斜斜地爬着，从墙上爬到地上，又从地上爬到了墙上。房间越变越小，很快就布满这些毛茸茸的东西，不再有棱有角，而是逐渐形成了一个圆。圆中间是一盏水晶吊灯，被黑色的阴霾深深包裹，吊灯下是两个人。

“你不是想知道我为什么烦吗？”男人又点了一根烟。

“陈局…其实你不一定要告诉我。”刘虹梅用被子紧紧裹住了身体。她现在不好奇了，一点也不好奇，她不想知道关于他从包里掏出的红票子以外的一切事。

“不，你要知道。”男人猛吸了几口，恶狠狠地把烟灭在床头柜上的水晶烟灰缸里。刘虹梅被他吓到了，这个大部分时间比她还要弱的人，突然变得这么凶悍。他到床下去掏了很久，掏出了一个黑色的塑料袋，丢给刘虹梅。

“都给你。”

刘虹梅接过袋子，里面塞满了人民币。可是这么大一袋，她要怎么拿走呢？她扯过那个LV，把里面的东西都倒出来，然后拼命往里塞钱，居然正好装得下。男人又点了一支烟，一声不吭地看着她塞钱。“这就是我的烦心事。”

“这是你的烦心事？你跟钱过不去吗？”刘虹梅疑惑地问。

男人深深地吸了一口，把烟吐到她脸上，“我怎么会跟钱过不去，只是它们快把我的命给要了。”

“陈局，你…”面对这样一番话，刘虹梅有些无所适从。男人很快意识到她的窘迫，若无其事地戴上手表，看了一眼时间，戴上床头柜上的鸭舌帽，又从抽屉里揣了几包烟。“过来，再给我亲一口。”

陈局已经很多天没有联系自己了，刘虹梅感到很奇怪。她从那个黑袋子里拿了一叠钱给小刘，去了她推荐的那家医院做项目。这些钱她可以拿来做很多事，又或者换个新包。这天，儿子水生去了学校，建军又不知道多少天没回家了。刘虹梅一个人孤零零地坐在沙发上。身边的事情变得越来越奇怪了，刘虹梅没有怎么读过书，但是她的直觉告诉她，有什么事情会发生。

窗台上的水仙一日日败掉，从最初的葱绿到叶尖抽出嫩黄雪白相间的花，根茎越来越粗，粗到撑出了鹅卵石，露出细细的根须。瓷缸里的水不会少，在阴雨天甚至会多出半公分，水珠从叶尖滑落到雪白的根茎，悄无声息地擦出一片翠绿。

可是现在不同了，刘虹梅每天都浇水，在它第一根叶子枯萎的时候还松动了鹅卵石，水仙还是一日不如一日，枯了一大片，蜡黄蜡黄，像是被空气突然吸干了所有养分，让人难以联想到当初娇嫩的样子。刘虹梅盯着窗台的水仙，走过去细细摆弄起来。一个人的时候她就是经常这样打发时间的，现在她站在窗台想试图研究出水仙枯萎的原因。

一声响铃打破了凝结的死寂。刘虹梅拿起电话，听了几分钟，扑通一声坐在地上。

建军死了。

她翻来覆去地看着自己的手机，又狠狠地掐了掐自己，确定不是在做梦。没错，她的确厌恶过自己的丈夫，甚至想过远走高飞，带着儿子一起，不，还是不要带。

可是现在建军死了，一切都变得不一样了。自己上一次见建军好像还是很多天之前，现在就已经是阴阳两隔。陈局也没有了消息，刘虹梅想了想，觉得还是应该弄清楚这个人是怎么死的。她顺着刚才拨来的电话回拨过去，听到有人声了便小心翼翼地问：“我是王建军的家属，请问，他是怎么死的？”

“执行任务，你赶紧抽空来一趟吧。”

“嘟嘟嘟…”那边的人说完就把电话挂了。

王建军死了。

第十章 车祸

“大雁山，我好像知道这个地方。”刘虹梅小声地插话。

“父亲和失踪的儿子，大雁山……你们在说的，是不是一场大火？”马卫稀奇地探了个脑袋过来，“不会吧，你们在说‘416’？”

“你又是怎么知道这件事的？”张怀达警惕地看着他。

“当年我也在余城，在报纸上也看到过这则新闻，在当时很出名的！”马卫一下子来了兴趣，“因为纵火犯一直没有被抓到，一时间闹得满城人心惶惶，我当年因为这件事情离开了余城，所以印象比较深刻。”马卫顿了顿，“如果你们说的的确是十几年前余城的‘416 大火’……”他突然停住不说了。

“唉？你这个人？怎么吞吞吐吐的。”张怀达对马卫很不满意。

余城？方一心中一凛，这件事情如果发生在余城，怎么自己一点都不清楚？

“既然今晚这么多人都意外地和案子有关系，那我大胆地猜测一下，问题很可能就和这件案子相关。”梁校文意味深长地说，“这具尸体有没有可能是凭空出现，是布下时间陷阱的人故意要在我们之中挑拨离间，实际上根本不是我们其中的谁带来的……”

马卫疑惑地问：“这个推测乍一听是挺有道理。可是，会是谁布下的这个时间陷阱呢？他也和 416 案有关系吗？”

“你们聊了这么多，不如先去看看尸体到底是谁。”刘虹梅疲倦地揉着眼睛，小声提议道。

马卫摆摆手，说：“不行，这么重要的物证万一被破坏了，到时候天亮交给警察，上面全是我们的指纹和DNA，根本说不清楚。”

说完，马卫打开了车门，对余下车里的人说：“我用手电筒先去照照，看看附近有没有什么别的线索可以让车开出去。”车里没有人回应他，马卫自顾自地出去了。趁着这个空档，方一转过头去问梁校文：“你们在说的什么416到底是什么？”

“刚刚张怀达说的故事你都听了吗？”梁校文耐心地问。

“嗯，听到了。”

梁校文以一种舒服的姿势坐着，对她说：“张怀达当年接到的那个电话就是警察通知他，他妻子和情夫的死讯，两个人在家里被活活烧死了。后来张怀达被叫去审，但是洗脱了嫌疑。凶手一直没有抓到，他们的儿子也消失了。”

听到这里，方一呆住了。

“抓住他！他要逃跑！”张怀达大声叫道。其它人晃过神来，看见浓雾中的一个亮点越跑越远。

“绝对是他！他就是凶手！”张怀达打开车门，飞速朝着亮点奔去，车内的人也纷纷下了车。梁校文跟着张怀达向前跑了几步，迟疑片刻，又来到驾驶座，发动汽车，把大灯打开，两束光有力地穿透浓雾。紧接着他走到车前面，双手插兜凝视前方，不再去追，任由前面的张怀达边跑边大声骂。刘虹梅莫名其妙地下了车，搞不明白前面的几个人在干什么。

方一看着车前梁校文的背影，觉得这个人很不一般。

很远很远的地方，传来重重的“哐”的一声。什么东西被猛地敲击了一下，一个男人的怒吼从远处传来：“啊啊啊！啊啊！好痛啊！哎哟……”紧接着是另一个男人焦躁的声音，两个声音骂骂咧咧地纠缠在一起，声音越来越近，很快，三人看到张怀达抓着马卫踉踉跄跄地回来了。在张怀达的体格下，马卫还是相对瘦削了些。

“我让你跑！”走到跟前了，张怀达使劲往马卫头上拍了一下。

“好了好了。”梁校文及时制止了张怀达的暴力行为，朝远处努努嘴，“你们有什么发现，刚才的声音是什么？”

“说来也是奇怪！”马卫瞪着一双不知道是什么原因还是被张怀达打得发紫的眼睛，脑门上还有血迹渗出来，狰狞地说，“我跑着跑着不知道就撞在了什么东西上面，硬是把我给撞懵了，还弹回去了好几米！我再爬过去，发现什么也看不到，再伸手去摸，是一个透明的东西，硬的，根本就过不去！”

“结…界？”方一听完马卫的描述，从脑中调动出了一个以前在漫画里看见的一个词，“可是这种东西怎么可能在现实存在嘛！”

张怀达一只手牢牢困住马卫，一只手擦擦汗，喘着气说：“你们年轻人主意多，知道这些东西。不过我可以证明马卫没说谎，我亲手摸过，确实有个东西把路拦住了，而且没有边界。这真是见了鬼，我活了这么多年，第一次碰上这种事情。”

所有人不约而同地把目光齐齐看向了梁校文，连方一也看向了梁校文。梁校文装作低头沉思，在车前来回踱步，思忖片刻后说道：“静止的时间，结界，难道，是这个结界把我们和外部的世界和时间隔绝开来？”

马卫和刘虹梅一脸茫然，张怀达想了想，认可地点点头。方一翻了个白眼，算是对他毫无营养分析的回应。一转头，却发现梁校文正笑着看着她，“你有什么想法？”他问。

“我？时间结界？”方一摇摇头，“我什么也不知道。”

“我看啊！”张怀达粗犷的声音吓了大家一跳，“这小子就是凶手没跑了，不过也保不准这里面还有帮凶。”他眼神有些凶狠地瞄向马卫，“就让他开着车去撞撞看，能不能把那个东西给撞开。”

“老头！我得罪你了吗！够狠啊！”马卫哭丧着脸，一脸不情愿，“我已经说过了，我不知道什么尸体的事情。”

“那你之前跑个屁啊！”张怀达使劲打他，“你小子肯定有鬼，这地方既然这么邪门，那就按邪门的方法来，给我上车，去撞！牺牲你一个我他娘的还不信出不去了。”

“唉，算了算了。”刘虹梅替马卫说话，“消消火气。不如这样，咱们都上车，让马卫开到那个什么，结界的地方去，大家伙一起去看看究竟怎么回事。”马卫赶紧点点头。

“也行。先过去吧。”梁校文很果断地上了车，方一没有说话，跟在他后面上车了。张怀达看没有人呼应他，只能跟着上车了。

所有人在车里，马卫重新坐上驾驶座，慢慢地踩了油门，小心翼翼地在白雾中行驶着。方一盯着缓缓向后移动的白雾出神，她脑中空空，对于接下来会发生什么没有一点想法。没过多久，方一只觉得自己的身体被猛地往后推，汽车一瞬间加速，飞驰起来，坐在副驾驶的张怀达一脸惊恐地大叫着:“疯子你要干嘛，你这个疯子！”边叫着边去抢马卫手中的方向盘。马卫死死护住方向盘，油门一脚踩到底。方一看见马卫在冷笑，脸上的横肉挤压着五官。车速越来越快，一头扎进了无边的黑暗中。

可是眼看应该冲着结界撞去，前面的路却消失了，变成了突兀的悬崖。断裂的岩石层边杂草丛生，所有的事情发生得太快，马卫根本来不及刹车，车轮一擦而过，紫色商务车就这样掉进深渊，直奔渊底，又落入水中。

所有人惊讶的嘴巴还没合上，就被水填满了，四肢在水中划出一串串无声的白色泡沫。方一紧紧握住自己的脖子，只觉得下一秒即将窒息。尖锐汽笛的声音再次从哪里响起，被水包裹着一同从口腔漫入，立马如刀片般插入喉咙。

第十一章 节点

再次醒来的时候，方一已经躺在悬崖边了。周身被白雾包裹，她艰难地睁开眼睛，想要撑起身子，一个趔趄差点翻身掉下去，这才发现自己躺在悬崖边上。她惊出一身冷汗。

刚才是怎么回事？自己依稀记得大家一同上了车，要开车去往结界的地方。紧接着马卫好像中了邪一般，加速向前冲出，正当所有人都不知道发生了什么的时候，车子好像掉下悬崖了……

没错，就是这样的，就是在这里。方一索性蹲在悬崖边检查起来，还有压碎的石块，地面上的苔藓有被辗过的痕迹，恰好是轮胎的宽度，证实确实有什么东西从这里掉下去了。

紧接着车子掉入水中，方一失去知觉，再然后就什么也不记得了。方一努力在脑中搜寻，却是空白，刚才发生过的事情好像一次失控，一场意外，一段没有办法保存的空白。

“喂！你在那边干嘛呢！”张怀达扯着嗓子朝这边喊，吓了她一跳。方一惊恐地站起来，向着声音的方向走去。

明明都掉下悬崖了，明明都落入水中了，为什么又回到了这么高的地方？方一还沉浸在对发生这一切的不解中，难道像武侠小说里写的那样，有什么隐世大侠把大家救起……方一开始无止境的联想，她穿过厚厚白雾，走到张怀达面前，发现其它人都在，马卫、梁校文、刘虹梅，还有那辆紫色商务车。

这到底是怎么回事？方一一身冷汗，她有点不敢走近大家。这些人……他们是人是鬼？

“你们……没事吧？”方一小心翼翼地问道。

“我们能有什么事？”张怀达一脸莫名其妙，“不是说好一起研究结界，找找怎么离开这里吗？你一个人跑到那边去干嘛？”

“我一个人……去的？”方一一脸困惑。

“对啊，突然人就没影了。”张怀达没有理会她，继续摆弄着什么，“这辆车我看坏的差不多了，真是怪事，难道附近有什么磁场？怎么发动不了了。”

方一看向其它人，大家都下了车，站在一边若无其事的样子。好像刚才什么也没发生。为什么只有自己清晰地记得？方一绕到商务车旁仔细查看起来，几处磨损得很厉害，左后轮胎泄了气证实这辆车的确遭遇过什么。可是除了方一，好像没有人记得发生过什么。

“之前的结界也消失了。”马卫来到悬崖边，对着空气自言自语，“明明刚刚还在这。”他伸手过去摸，什么也没有。

张怀达也走了过去，望着悬崖，两个人都沉默了。

“我有点糊涂了，”张怀达说，“你说，我们之前是不是撞在什么东西上了？明明撞上了，绝对不会错……我记得当时……”

两个人嘀嘀咕咕地说着话，方一见状也走上前。她用脚试探性地伸向悬崖边缘，白雾之下什么都没有，一脚踩空便是万丈深渊。

难道说，刚才马卫开车已经把那层结界给撞没了？可是，所有人掉下悬崖后又回到这里该怎么解释？集体失忆，只剩下她记得发生了什么。

方一掏出手机，小小的屏幕发出一点微弱的亮光，刺得许久没有接触光的眼睛疼得不行。方一揉揉眼睛，慢慢凑了过去。屏幕上闪烁着的数字令她大吃一惊，她忍不住叫道：“时间动了，现在是十二点五十六了！”

其它人听见声响一个接一个地凑了过来。梁校文将袖子卷起来，借着方一手机的亮光，仔细地看看了手表，分钟清晰地离 12 还有一格距离，很显然，时间确实动了。

“该结束了吧？”张怀达伸了个懒腰，“现在我们只要等今天晚上过去，就可以回家了。”

梁校文没有说话，他双唇紧抿，似乎又陷入了另一个难题的沉思中，没人知道他在想什么。

“如此说来，那我可以去睡了。”马卫好像很困的样子，眼神空洞，摇摇晃晃地上了车，将座椅靠背向后调整，舒舒服服地躺下。方一站在一旁安静地看着他，刚才开车坠崖的片段还在脑海中久久回荡。马卫冰冷的眼神令人不寒而栗，究竟是什么原因可以让他愿意同归于尽。还是说，他是带着秘密同归于尽的？

大家很有默契地坐了一会儿，谁也没有说话，好像在等待什么事情发生。安静地等待了一会后，张怀达一把抓过梁校文，看了看他手上的表。

“12：56，还是没有变。”张怀达愠怒着叹了口气，“所以莫名其妙过了十分钟，又卡住了。”

“难道说，结界消失一个，就会前进十分钟？”刘虹梅突然提问。

“那得等到猴年马月才天亮啊！”张怀达不高兴地说。

方一没有参与讨论，这样的结果似乎在她意料之中。她的眼神逐渐转移到后备箱。她冷静地走了过去，按下开光，打开了后备箱。一个黑色的长型行李袋出现在面前。

“我就说要先看看这里面到底是什么。”刘虹梅见状也从前面凑了过来，但是看了一眼黑黝黝的袋子，又有点害怕地后退了几步。

方一将手机的手电筒打开，递给刘虹梅，让她在一边帮忙拿着。

紧接着，她找到了最顶端的拉链。摸到拉链的那一刻，方一感觉身体好像触电般被袭击了，她吓得松了手。

“怎么了？”刘虹梅胆小地看向她，“你看见什么了，姑娘？”

“没…没什么。”方一强迫自己镇定下来，准备下一次尝试。

方一摸摸被电到了的手，再一次走上前想要看看袋子里的东西。方一重新找到了拉链，握紧的瞬间好像又有电流袭击全身。她的手划过黑色的袋子，袋子好像冰块一样，丝丝的寒气向外渗出。

这一次她没有松开手，拼尽全力要将拉链拉开。她的意识开始有些分散，眼神变得涣散，目光所及之处是片片空白。一声尖锐的汽笛在脑中划过，留下疼痛的痕迹。豆大的汗珠从额头上渗出，方一紧紧地握着拉链，青筋暴起，身体就快支撑不住的样子，慢慢倒下。

“汽笛……你们听见了吗？”方一艰难地吐出这几个字，眼睛逐渐合上。见到这幅景象，刘虹梅在一旁吓呆了。

“不要！”梁校文不知从哪里跑了出来，一把拉过方一。方一的身体瞬间软绵绵的，昏倒在地，脸色苍白。刘虹梅赶紧将她扶到一边。

梁校文看了一眼昏迷不醒的方一，严肃地对刘虹梅说：“你好好照顾她，我去把其它人召集过来。”

“她没事吧？”刘虹梅有点紧张，“看上去状况不太好。”

“别让她碰黑色袋子。”梁校文的目光转向瘫倒的方一，又慢慢聚焦到黑色袋子上，意味深长。

他重重地拍了拍口袋里的监测仪，心里有了别的打算。

第十二章 进展

五个人又重新聚集到后车厢前，不同的是，刘虹梅在一旁扶着虚弱的方一勉强站立。方一双眼微眯，发丝沾着汗水贴在额头上，嗖嗖的冷风不知道从哪里吹来，她在雾中打了几个喷嚏。

“直觉告诉我，我们已经困在这个奇怪的地方将近十个小时了。这里不仅荒无人烟，时间也处于无法解释的静止状态。所幸，我们开车来的，还有个可以栖身的地方，不远处的公路也不算完全与世隔绝。”梁校文指着远处对大家说。

“在这个奇怪的空间中，除了不清晰的时间变化，还有一个最值得我们注意的东西，就是它。”梁校文转身看向后备箱里的黑袋子。

“那我现在把它打开看看。”梁校文说着就一步上前。

“慢点，小伙子！”刘虹梅不安地叫住他，“看这小姑娘已经这幅模样了，你能确保你不会……”

梁校文笑笑，走上前轻松把拉链拉开，他却毫发无损。

“那为什么她……”刘虹梅很是不解。

梁校文耸耸肩，表示这个问题他也无法回答。“好了，我们看看里面是什么吧，天亮之前如果能获得一些线索，或许对离开这个迷雾之都有些帮助。”

张怀达第一个走上前，扒开袋子看，“黑不溜秋的，根本看不出来是什么。喏，手电拿来。”梁校文将自己手机的手电筒打开递给他，一边嘱咐道，“快点看，省着点电，天亮了手机是有用处的。”

张怀达“嗯嗯”两声，接过手机，突然面色惨白，连连后退。

“怎么了，看见什么了？”刘虹梅害怕地问。

“好像……好像真的是个人。”张怀达有点腿软，开始跑到远处干呕。

未等梁校文说话，马卫连忙摆手，“我就不必了，我摸到他的时候就知道他是个人。”

“你怎么知道的？”梁校文穷追不舍。

“你小子别他妈太莽，老子就是知道。”马卫恼羞成怒，“我隔着袋子一巴掌拍过去，好像拍他脸上了，一个人头，我不要看，你快把拉链拉上。”

梁校文无视了马卫的话，他把剩下的拉链拉到最底端，示意刘虹梅把方一依然开着手电筒的手机递给他。在两部手机强烈的光源下，梁校文终于看清了这个人的真实面目。

这个人已经被烧的面目全非了，只有头颈的形状存在还能依稀辨认出人形。拉开后，后备箱里开始飘散着淡淡的焦味。梁校文把袋子翻开，这个人的手臂以一种十分不舒服的姿势弯曲在胸前，证实了一种非自然死亡状态，如果没有其他外伤，很可能是被活活烧死的。

突然，梁校文注意到了一个闪亮的东西。他在后备箱里找到一块布，小心地从尸体身上把这个东西取了下来。梁校文作了一点简单的清理，拿到手机下用光一照，才发现这是什么。

“你们快来看，我在他身上找到了什么。”梁校文有些兴奋地举起手上的东西。

“什么东西，这是？”马卫凑过来，离他手上的东西特别近。

“你也是不嫌晦气，死人东西凑得那么近。”张怀达一把推开马卫，“我看看是什么。”张怀达好不容易止住了干呕，仔细端详起梁校文手上的东西。这件东西很小，上面粘着很多黑色，从扭曲的形状勉强看起来像是一个圈。这个圈有一点宽度，不太细，被火烧后有点扭在了一起。在手电筒的照射下，一些地方隐隐约约地闪着亮光。

“我们怎么看出来这是什么，如果这个人是被烧死的，这玩意都被烧成这个鬼样子了。我们哪里能看出来……”张怀达不屑地撇撇嘴，“你看的出来吗？”他问一边的马卫。

马卫没有直接回答，而是盯着这团东西陷入了沉思，“我倒是有些想法，但我也不知道想法具体是什么。我感觉我应该知道这是个什么，容我再想想……”

梁校文像个雕塑般一动不动，手直直地伸在两个人面前。空气陷入静止，所有人都在等待马卫。不一会儿，他很快有了头绪，眼睛发亮地叫道：“我知道了！这是个戒指！”

“唉？别说，这东西的确像个戒指，”张怀达认可地点点头，“你看它是不是还有点闪着金光，虽然被烧成这样，但是之前应该还蛮宽的……”他小声嘟囔几下，抬起头看着梁校文笑了，露出一排整齐的牙齿。

“对，我也觉得这是枚戒指。”梁校文把戒指伸到光源下观察了片刻，走到刘虹梅面前，“别怕，这就是个物件，不是尸体，你要不要看一眼。”

刘虹梅对尸体似乎还是很抵触，不过见梁校文都走到自己的面前来了，于是也象征性地看了一眼。梁校文正准备离开，刘虹梅突然一把抓住了梁校文的手。梁校文被她的举动吓了一跳，刘虹梅的脸没有了生气般，两个眼睛睁得巨大，嘴巴也合不拢，呼吸变得异常急促起来。

“这！这！这是你在他身上发现的？”刘虹梅的声音十分颤抖。

“是的。”梁校文似乎对刘虹梅的反应意料之中，刘虹梅的右手依然紧紧地握着梁校文。梁校文一只手用布包起戒指揣进口袋，然后迅速抓住了刘虹梅抓着他的那只手，并将刘虹梅的那只手高高举起。

“巧了，你也有。”

张怀达和马卫向着被梁校文举起的那只手看去，只见那只手的无名指上，戴着一枚金戒指。

“不过是一枚金戒指而已，和我有什么关系。”刘虹梅强迫自己镇定下来，可是越镇定，越是显示出她的不自然。

梁校文轻蔑地皱起眉头，“你怎么知道是枚金戒指？我们刚才有任何人说了这是枚金戒指吗？”

刘虹梅被梁校文的话惊出了一身冷汗，但还是强装镇定地说，“我瞎说的，那又怎么样？就算这是个金戒指，他有一个金戒指，我有一个金戒指。有金戒指的人多了去了，难道都跟我有关系吗？”

“其它人是不是跟你有关系我不知道，但是这个人，肯定跟你有关系。”梁校文面无表情地盯着刘虹梅的眼睛，刘虹梅的气势很快软了下去，“刘虹梅，别忘了，你的丈夫是怎么死的。”

张怀达狐疑地看了一眼梁校文，正想问点什么，随即被马卫打断了。

“没想到，你看起来柔柔弱弱的，还有胆子把自己的老公烧死？”马卫又凑了过来，一脸难以置信，“害得我们之前找半天，原来凶手就是你啊！把你从那个悬崖丢下去算了，是不是你从这个世界上消失，我们就能逃出这里了？”他坏坏地笑了起来，紧接着就要动手。

梁校文冲上前推开了马卫，马卫身形比较小，在梁校文的大高个面前根本不是对手。梁校文怒斥道："你别乱来。"

张怀达在马卫头上猛敲了几下，"听见没！别乱来，你再对我们其中任何一个人动手动脚，我就把你从悬崖边扔下去！"接着他转向梁校文，问了他刚刚想问的问题，"你又是怎么确定凶手就是她的丈夫？"

梁校文重新看向刘虹梅，语气平缓地说："你别害怕，他暂时还不敢对你做什么。你现在仔细看看我手上的这个东西，看看是不是你认识的。"他举起手电，把口袋里的东西重新在她面前掏出展开。

刘虹梅眼泪都快流出来了，她擦擦眼睛犹豫了一下，把无名指上的金戒指取了下来，和那个东西并排放在梁校文的掌心里。

"其实第一眼看到它，我就知道是我老公的。虽然说没有什么特殊记号，但毕竟是一起生活了那么多年，这个东西我再熟悉不过了。"刘虹梅逐渐呜咽，"可是我真的不知道他怎么会出现在这里，他已经死了没错，被大火烧死的，就在余城。"

"难道又是416案？"马卫呆滞在原地，"为什么这里的每个人都和案子有联系？难道今天的案子也是416的一部分吗？"

马卫吓出了一声冷汗，没有人知道他在想些什么。

"等等，容我捋捋，"张怀达打断了她的话，"我老……，我前妻出轨了一个男人，他们双双被大火烧死在余城。难道，那个女人的出轨对象是你老公？"

梁校文看着张怀达摇摇头。程序错乱，他的数据太少分析不出来，情节完全错误。

刘虹梅一愣，显然没有反应过来，"什么出轨，我老公怎么可能出轨。"

“现场还有第三个人？”张怀达很奇怪。

“不，他是个消防员。”刘虹梅解释道。

“哦，消防员，我明白了。”马卫打着哈欠，“你老公在救那一对奸夫淫妇的时候被烧死了。”

“可以这么说。”刘虹梅埋下头去。

“你老公刚死，你跑到这个地方来是什么目的？”梁校文目不转睛地盯着她。

“什么刚死，”马卫不耐烦地说，“我说你脑子是不是有点问题，我们刚刚不是都说了吗，余城大火已经过去十多年了……”

刘虹梅不解地看着马卫，说道：“什么十多年前？我刚才就没有听懂你们在说什么。416 大火不就是上个月的事吗？我老公就是刚死啊。”

虽然刘虹梅的一番话显得很唐突，但是这个设定也没有问题。不过，接下来会引起几个人之中的一点小插曲。不打紧，梁校文看了看监测仪，不久之后空间就要提前崩塌了，需要加急进入下一步计划。

第十三章 崩塌

马卫沉默了，挠挠头。张怀达看着刘虹梅，眼神复杂，说不出话来。马卫往远处走了几步，苦恼地看着他们说：“我现在不想和你们呆在一起，我不知道你们几个人为什么要上我的车，也不知道你们是人是鬼。”

他啐了一口，“这都叫什么事儿啊！我就是个在国外打工的华人，给酒店拉客的司机。什么牛鬼蛇神，上错车了的快点走吧，带上东西赶紧走！”马卫害怕地抱住脑袋蹲了下来，口中还念念有词。张怀达走近了，听见他在念阿弥陀佛，想要扶他起来，发现根本拽不动。张怀达索性不管他了，也蹲在地上。

梁校文叹了口气，是时候提前结束了。让刘虹梅把戒指拿走，他关了手电筒，对刘虹梅说：“既然都到这份上了，那就聊聊吧。你老公的死具体是怎么回事？当天发生了什么？”

刘虹梅眼神有些躲闪，“他是在救火的时候被烧死了。还有什么别的，也没什么别的了。家属赔偿还没到账，不会有多少钱吧……”

“他上个月才出的事情，你就跑到这来了。”梁校文冲进车里，取来了她的包裹，“打开吧，给我们看看里面有什么。”

“上个月？大姐你在开什么玩笑呢。416 案子都过去那么多年了，现在说上个月是当我们是傻子吗？”马卫莫名其妙地说。

“我凭什么听你的？”刘虹梅看着这个还没自己年纪大的毛头小伙又好气又好笑，“等到天亮了我们各自各的路，你管我那么多。”

“那我就不客气了。”梁校文直接抓起包拉开拉链，摔在地上，刘虹梅想要上前阻止，但已经来不及了，一摞摞红色的人民币映入眼帘。“这么多钱？”马卫和张怀达被二人的动静吸引过来。马卫瞪着眼睛蹲下身去看袋里的钱，他想要拿出一摞，却被刘虹梅一把抢走，“别碰，走走走。”

“没想到啊，深藏不露。”马卫啧啧啧地盯着刘虹梅。一边的张怀达没有吭声，从袖子里抽出一沓钞票。他早就拉开她的包偷偷看过里面是什么，刚才马卫和刘虹梅对峙的时候，他还拿走了一摞。张怀达的脸上全然没有马卫兴奋的表情，眼神很黯淡。

“你看看，她好像没有骗人。”张怀达把钱递给马卫。

“什么啊你在说，还会有人跟钱过不去吗？”马卫大大咧咧地接过钞票，闻了闻，“嗯，好久没摸人民币了，不错。”他拿在手里把玩了一阵，忽然呆住了，他抽出其中一种，很仔细地用手机照着看了看，问：“这是，99 年的钱？”

“是的，1999 年发行的第一版一百元人民币。”张怀达不知什么时候又点上了烟，深深地吸了一口，“她，你们这些人，呵呵，这地方真是越来越有意思了。”

马卫赶紧把钱丢还给刘虹梅，问：“你哪年生的？”

“1968。”

马卫用不相信的眼光上下打量刘虹梅，“你别蒙我，那你今年得有……五十多岁了。不像。”

“我今年 32。”

马卫点点头，“好，我信了，我现在已经完全可以接受你的设定了，一个不知道从哪个时空穿越过来的人。我今天就不该出门，很好，你们呢？你们又是什么乱七八糟的身份？”

“没有了，我认为我们之中只有她不属于这个时间。”梁校文加入讨论，“如果尸体是他丈夫确认无误，那么我们已经找到了时间陷阱的原因。”

“看来尸体也是因她而来的。”马卫烦躁地说，“那是不是让她消失我们就可以离开这里了，有什么办法可以让她消失呢？”

刘虹梅警惕地看着他们，在心里默默猜测几个人接下来的举动。张怀达和马卫的眼睛同时看向刘虹梅，两个人站起来，向她走去。

“你们要干什么？”刘虹梅看见他俩的异常举动，大惊失色，“你们要是敢动我一下，我就报警。”

马卫听到她的话，一下子笑出了声，“我们现在手机连信号都没有，这里也看不见人。你觉得你说这话有用吗？”

“我，我！”刘虹梅惊恐地抱着袋子，愤怒地说，“你们别过来！”她转身求助梁校文，用可怜的眼神望向他，希望他可以干点什么。可是梁校文无视了她的求助，漠不关心地站在一旁。刘虹梅心里一凉，晃神片刻抱着袋子就向悬崖跑去。

只要五个人里面有人死亡，就会加快结束进程。悬崖深不可测，梁校文不由得想到，如果刘虹梅在掉下悬崖后没有死亡，这里这么大，要找到刘虹梅着实是很费劲的事情了，他想了想，有了新的主意。

“你去哪？你去哪？死路一条！”张怀达赶紧追过去。

“你别急，她不敢的。”马卫轻飘飘地说，“她总不能跳下去吧。”

张怀达轻蔑地看了一眼马卫说道：“这样逼死她实在是不仁。我去把她叫过来，再想办法。”说完，他朝着悬崖的方向跑去，他一个转身在雾中画出圈，一团白雾追随着他去往悬崖的方向。

马卫和梁校文相对无言，不知从哪里飘来了淅淅沥沥的雨点，从最开始的一滴，两滴，落在两个人的头发里消失不见，到许许多多豆大的雨点，马卫匆匆躲进车里，梁校文站在雨中，在等待更大的暴风雨。雨越下越大，在地上积起许多小小的水洼，方一在车里安静地熟睡着，没有一丝声响。雨点打在车顶，发出噼里啪啦的声音，打在梁校文的衣服上，很快湿透了。

涨水了，梁校文环视了一圈。这里很快就会被淹没。

一个缥缈的声音从远处传来，有人在大声呼喊，呼喊声越来越近，把梁校文的思绪拉了回来。原来是张怀达在那边大叫："快来！你们快过来！"

马卫和梁校文听见他的声音慌忙跑过去，只见悬崖消失了，一条无边的大河出现在眼前，而且水位线在不断上涨，不一会儿就漫到了三个人的脚边。水面一直漫向迷雾远处，三个人隐隐约约地看见一个身影在水中浮浮沉沉。那人将一个包裹举过头顶，艰难地在水里移动。不知道这条河有多深，不过很显然刘虹梅已经游出很远，他们不可能再追上了。

不知道从哪里来的水在不断增加，"怎么办？"张怀达紧张地问梁校文，似乎觉得他会有什么好办法。梁校文没有说话，紧紧盯着远处在水面上逐渐消失的刘虹梅。

方一突然睁开眼坐起来。

梁校文的背后似乎长了双眼睛，看见方一醒了过来。他回头看向车内，发现方一正坐起来看着她。

她为什么会昏迷？又为什么会突然清醒？梁校文对于不可控的因素最为苦恼，等到这一次实验结束，他要快些给方一戴上手环。他重新看向在河边焦急的两个人，刘虹梅就快要坚持不住了。梁校文又回头看着车里，却发现方一已经消失。

"方一！方一！"梁校文在雨中大叫着，没有人回应他。

没过多久，雨水淹没了这里的所有东西……

梁校文猛地在实验室里醒来。

偌大的房间里只有方一一个人躺在床上。兴许是旅途劳累，她完全记不起自己是什么时候来到酒店的，又做了这样一个长长的梦。

手表还在，手机电量是满格，钱包和护照就在床头柜上，上面放着一张房卡。旁边有酒店赠送的苹果，鲜红的瀑布自上而下溢出，看上去新鲜可口。

一下子被拉回到另一个世界，方一睁开眼，只觉得窗外的阳光异常刺眼。她低头，眼下是一片清洗得十分干净的柔软洁白，细碎的阳光透过帘纱落在一米八的大床上。她摇摇晃晃地坐起来，脑袋昏昏胀胀，下床踩上拖鞋，走到窗边将帘纱拉开。

窗外是热闹的马德里市中心，游人如织，高挺的鼻梁和小麦色与的脸蛋迸发出各式笑声。秋冬交接之际，再厚的夹克也挡不住人们对于这座城市的热情。扭头看见一个金发小男孩站在路边，一口吸下手中的巧克力蛋卷冰淇淋，蹭的满脸都是。他的父母在一旁逗着怀中同样金发的小女孩，无人管他。

方一看着窗外的景象，有些恍惚，脑袋里好像还塞着谁的声音。那些声音和眼前生机勃勃的景象丝毫不符，正争先恐后地从一个狭小的木箱挣脱出来，木箱很快承受不住，压根不知道它们是什么时候被关进去，撑破的瞬间无数个语音条跑了出来。

“我们什么时候才能出去？”

“现在几点了？”

“看来尸体也是因她而来。”

“现在几点了？”

“我凭什么听你的？”

“现在几点了？”

现在几点了?

方一看向床头柜上的小钟，分针和时针严丝合缝地指向十二，看到这个数字她条件反射般地后退了两步。一只苍蝇从帘纱里钻进来，落在分针和时针重合的地方，把箭头的部分无限放大。房间里的东西登时变得巨大无比，小钟变成了大钟，有两米高，将房顶挤出了一个窟窿。

晴天艳阳，一束光打在钟上，刺得人睁不开眼。苍蝇消失了，时针和分针还在滴滴答答地走着，时间开始加速起来。帘纱在背后疯狂舞动，连风也被放大，大到仿佛随时可以把人吹走。方一闭上眼睛，只觉得天旋地转，头疼难忍，这时，她发现了藏在时钟背后的触须，在阳光照射的金灿灿的金属表面拂动着。

那是什么？钟的背后会是什么？什么东西刚才消失了，她记得，就在脑海中闪过不知名问题的时候，什么东西消失了。

终于，一个东西从时钟背后缓缓露出，有一台电视机那么大，那是苍蝇的 4000 只复眼。

“啊！”方一痛苦又害怕地蹲了下来，她第一次这么害怕一只苍蝇。方一奋力掐了一下自己的大腿，所有的景象都消失了。她紧张地抬起头，小钟还在窗头柜上，苍蝇正向窗外飞出，帘纱在窗边缓慢舞动。

方一跌坐在地上，靠着床缓慢吐气平复心绪。

一个小小的方块从房门底下飞了进来，是一个叠成方块的小纸条。那纸条被叠成了一种怪异的形状，在旋入房内时仿佛冲破了一切阻力，以一种十分快速的方式飞到了房间内，就在方一脚边不远的位置。可是一只无形的手牵制住了她，她不敢去拿。

短短的五分钟内，方一又迎来了她第二个害怕的东西。她懊悔地回想到坐错飞机的事情，刚刚那个稀奇古怪的梦，这个令人害怕的纸条，看来来到这里的一切都是错误。方一重新看向纸条，心里疑问连连。

会是谁？知道她在这里？

下一秒，方一没有去拿纸条，而是伸手拿起手机，快速划开，查看未读消息。素未谋面的朋友发来三条信息，询问她是否到了酒店，马德里天气如何，准备呆多久。方一看着迫不及待的问题，突然感到不安，想收回以往的友好。

只有他，知道自己在这个陌生的城市。方一敏锐的触觉头一次无法触及核心，她从不信意外，因为意外有时候不是意外，当认识到这是个意外时，很多时候只是承认了自己过去的无知罢了。那么，这一次的答案又会是什么？

方一继续下滑，发现还有一条遗漏的信息，对方说，要她小心一点。

她想了想，没有马上回复对方的消息，而是带着问题大胆地拾起了脚边的纸条。只要人生不是充满意外，结局就不算太坏。手中的纸条呈现了一种特别的折叠方式，很好地保证了在飞出掌心的时候绝对不会散开。

这曾经是一张厚又硬的磨边牛皮卡片，上面的蓝墨字迹刚写下不久就被对折，因此对边还留有浅浅的点状痕迹。书写人一定是匆匆写下，熟练折好，然后丢进了自己房间。作法让人感觉是个老手。方一展开，发现是一封简短的信。

只见里面写道：

马德里今日晴朗无云，拟邀方小姐前往 Sxxxxx 小酌一二。

Lxw

大写的 S 后面是一串看不懂的字母，方一猜测那是西语，可惜她完全不懂。不过，后面的署名引起了她强烈的兴趣。

Lxw，这三个字母似乎让人觉得眼熟，好像在哪里见过。可是她很清楚自己在马德里没有熟人，也没有朋友。方一仔细地回想 Lxw 会是谁，可惜没有答案。

Sxxxxx 又会是什么地方？信中说到小酌，想必是酒馆一类的地方了。方一披上外套，带上这张纸条匆匆出了门。

酒店的走廊里，厚重的地毯伴随着一股廉价又沉甸甸的香气，暖气开得很足，人们为随时到来的冬天做足了准备。可是过量的暖气和这种不知名的香味令方一胸口发闷，她迫不及待地跑下楼梯，到酒店大门外大口呼吸，冰凉的气体被吸入肺部，三两下冲走了不安的昏胀感，方一感到新生。

如果可以来一盘伊比利亚火腿卷哈密瓜，再来一杯雪莉酒，那会是多么美妙的事情！想到这里，方一舒心地笑了。冷气使人清醒，她掏出了口袋里的小纸条，找到酒店门口的一个服务员，向他询问 S 开头的名字是什么地方。对方一看到这个名字便笑了，伸手一指，方一顺着他手指的方向看去。

方一想到了那条让她小心一点的消息。对方发来的消息总是给她带来难以捉摸的紧张感。他到底是谁？为什么从她在国内，对方就总是可以掌握她的行程和她附近的环境。现在这封请柬会和这个人有关系吗？

第十四章 契约

推门进入，方一被扑面而来的烟雾呛到打了好几个喷嚏。白色的烟雾缭绕在屋中的各色人四周，许多穿着黑西装体型庞大的人坐在吧台边，他们戴着帽子，方一看不见他们的脸。还有几个成对地坐在小桌，眼前摆着几杯透明鸡尾酒。

方一揣着纸条进门，被一只手拦下，她抬头撞上一双金发绿眼睛，面无表情地看着她。正当她思考接下来该怎么办，一个男人将这只手缓缓放下，转头和那人说了什么。绿眼睛点点头，去别的地方忙碌。

“你来了，”这个男人笑了笑，“你看到了我留给你的纸条。”

“你好，原来纸条是你写的。”方一上上下下地大量了一下眼前的男人，觉得他有一种似曾相识的熟悉感，好像很早以前就认识。可是就像看到纸条上名字的那一刹那，她仔细回想后，还是发现自己并不认识他。

“你是谁？你为什么要找我？”方一不解地看着他。

“先看看要喝点什么，”对面的人轻松地将她带到一处窗边的位置，“晴朗的白日结束，一切都已成为过去，夜晚要来了。天气预报说，今晚可能要下雪。马德里的冬天到来，在下雪的夜晚喝上一杯伏特加是一件幸福的事。”说着，他举起桌上的玻璃杯，一颗硕大的冰球静静地躺在里面。他已在此等候多时。

男人伸手找招来了服务生，方一想了想，要了一杯热可可。服务生点点头。

“热可可，这实在是有意思。”男人饶有兴致地看着她，“我叫梁校文，正如纸条最后的署名缩写。”

“我是方一，你已经知道了。”方一搓了搓手，感受到了窗户外钻入的冷气，试探地挠着她裸露在外的每寸皮肤。但不知为何，此刻坐在梁校文对面令她十分心安。

“好了，废话少说，你一定有许多问题想问我，我先把我要说的说完。”梁校文点上一支雪茄抽了起来，“很早很早以前，我们见过。”

梦里的最后一个场景突然被记起，方一睁开眼坐了起来，一切都消失了，汽车、悬崖、公路，还有几个人没有了踪影。她发现自己身处一个巨大的白色空间里，几根黑色的线在自己的视线上方来回滑动，飘来荡去。

她揉揉眼睛，站起来。她想要离开这个地方，她开始拼了命地跑。跑了很久很久后，她绝望地发现这是一个没有边际的空间。头顶上方的黑线依旧在，她好像没有离开原地般。

这是梦境的结局，她终于记起来。

正想着那个奇怪的梦，热可可上来了，装在厚厚的酒红色陶瓷杯中。方一冰冷的双手迅速握住杯壁，获得一些回到真实世界的宽慰。刚才在酒店里做的梦实在是太可怕了。她小口地喝着可可，甜腻的味道在口腔里迅速蔓延开，滚烫的物质被生生咽下。

梁校文掏出一个牛皮信封递给方一，说：“这是我今天要给你看的东西。”方一接过那个牛皮信封，将里面的东西掏了出来。她已经很久没有见过这么厚的牛皮信封了，里面装着几张照片。大部分的照片背景是夜晚，照片里有几个人在发生着各种故事，方一看着照片，读出几条千丝万缕的线在他们之间交织，她在昏暗的灯光仔细辨认起来。

梁校文递给她一个小小的手电，方一接过按下开关，相片的内容变得清晰。看清楚后的方一吓了一跳，喃喃着："我刚才梦到过相同的场景！难以置信！"她一张接一张地翻着眼前的照片，梦里发生过的事件在脑海里逐渐浮现，串联后的画面展现了一个长长的故事。直到照片黑夜的背景转至白色，照片里清楚地出现了自己在奔跑，一直奔跑，接着消失，最后一张照片除了白色什么也没有。

"你究竟是什么人，怎么会有这些照片？"方一警惕地将照片放回牛皮信封，被人窥探心境最私密的部分，放在任何人身上都会恼羞成怒。

梁校文抱歉地看了她一眼，"我首先要向你道歉，把你牵扯进来。实际上，你看到的这些并不是纯粹的梦境。"

"不是梦境？那是什么？"

"不论黑色还是白色，你看见的这个地方，都被我们称之为第三十二号空间。这个数字没有特别的意思，就是一个标号而已。所以你在梦里面见过的数字都和 32 有关系，也是在提醒你身处在这个空间。"

"我为什么会出现在这个'第三十二号空间'，在这之前，我根本不知道这些。"

梁校文从口袋里拿出一个小盒子，"这里面放着一些红色的小丸，里面有装载虚拟空间模拟器的小型机器人，吃下它们后，机器人会在一小段时间后通过血液循环到大脑，然后自动将模拟器装到大脑上，只要我一启动主装置，人就会在熟睡时进入到一个虚拟空间里。这是我们实验的一部分，我们的实验员会在清醒状态下观察被实验人员的思维活动。空间里的一切内容都是被设定好的，也就是说，要发生的事情都在预料之中，我们需要观察的是被实验人员作出的反应。”

方一拿起桌上的小盒子，这是一个外方内圆的容器，需要通过旋转拧开。在盒子的顶部贴着一个红色的标签，上面写着 No.32。

“说实话，我也不知道你为什么出现在这里，你压根不属于我们试验的一部分，但是我必须来和你解释清楚这件事。”梁校文说。

“我觉得你们这种行为是违法的，”方一十分气愤，“为什么我会被动地被你们操控，我要去起诉你们。”

梁校文无奈地说：“这件事还得问你自己。理论上，不吃下盒子里的红色药丸是不会被‘控制’虚拟意识的，我还纳闷呢，你是什么时候吃的这个。”

“我怎么知道？我听不懂你说这些东西，总之，不管你是什么人，我拒绝你们在我身上进行试验！”方一愤怒地用杯子敲了一下桌子，热可可被溅了出来，震得酒吧里的人们都侧目过来。梁校文赶紧朝他们笑了笑，示意没有关系，又对她说：“方小姐，你冷静一些。你现在进入试验已成定局了。这些红色的小药丸里装着我们最新研发出的微型机器人，一旦服下，就会将芯片自动植入你的身体，直到试验结束。”

“什么意思？芯片会一直在我的身体里？你的意思是我不得不服从你们？”方一气得手开始颤抖，“那我现在去厕所吐出来。”

“唉，等等等。”梁校文赶紧拉住她，“芯片已经被植入体内了，不是呕吐可以解决的问题。我们的目标其实是另外的三个人，虽然你的加入是个意外，但是我们还是可以保证你的意识文件不被读取。”

“什么？”

“是这样，试验开始后药丸就会一直有效，每一次睡眠都会进入空间，芯片会给我们的试验机器传送你的意识文件，这些文件会根据每个个体单独建档。我们的实验人员会对这些意识数据进行解析，找到……找到我们想知道的东西。”梁校文尴尬地清了清喉咙，“你也知道，梦境是一个人心理活动最全面的表现，从这些意识文件里可以解析出很多关于这个人的东西，而且大部分情况下身处梦境是没有防备的。所以，我们模拟了一个这样的半梦境环境。作为本次试验的伴试验人员，在空间里看到你的时候我也觉得很奇怪。因为我在这之前并没有收到关于你的任何资料。”

“什么半……半个试验？我听不懂。”

“不是半试验，是伴，陪伴的伴。作为伴实验人员，我在接到任务后需要全面地了解被试验人员，接着在模拟空间里对他们作一些引导。”

“你们在寻找什么？”

“关于一个很复杂的案件。不过，在你没有签下保密文书时，我不方便透露给你。”

方一若有所思地点点头看，又喝了一口热可可，“我莫名奇妙地卷了进来，我现在该怎么办，自认倒霉？”

“我们经过商榷提供了几个紧急方案，你可以参考一下。”梁校文不知道从哪里变出了一个文件夹，“第一个就是我刚才和你说的，你撑到试验结束吧……我可以每天在这里请你喝热可可。”梁校文笑眯眯的样子看起来贱贱的。方一看着他，眼神里写着“你的脸皮可真厚”。

“第一份文件是保密协议，只要你签下它，并对外保密我们在做试验这件事，我们也就不会读取你的意识数据。”

“第二个，你可以考虑下。加入我们的大试验计划，酬金很丰厚。”梁校文舒服地伸了个懒腰，“如果你加入我们，就是作为短期试验人员，在短期内表现不错的话，我们会考虑你作为长期试验人员进行培养。很少有人有这个机会的，你好好想想。”

方一鄙夷地看了他一眼，“所以你们是一群甘于出卖自己的人，还想着拉别人下水。你知不知道一个人的思维是他最大的财富，这和出卖灵魂有什么区别？你……”

“好了好了，你不签就算了，怎么那么多废话啊！”梁校文不耐烦地拿走文件袋。

“等等！”方一大叫一声，从他手中抢走文件袋，掏出里面的文件迅速翻了几眼，快速找到了一串数字。即便作了心理准备，但还是被这一连串的数字震惊了。

“拿笔来。”她故作镇静地说。

“啧啧啧，果然任何人在金钱诱惑前都挪不动步子，如果经得起诱惑，只是数字不够大。”见方一决定加入计划，梁校文逐渐收起了他一本正经的面孔。

方一瞪了他一眼，梁校文赶紧乖乖地去找笔。方一接过他的笔，在最后一页潇洒地签下大名，“收起你的歪理，这和灵魂没有关系。好了，接下来你把实验内容给我介绍下吧。”

第十五章 一致

“喝完你手中的热可可吧，这么大的事可不能随意在这里说。”梁校文扫视了一下酒吧内，“说不定这里就藏着谁的眼线。”

“这么神秘。”方一将杯中的饮料一饮而尽，“那走吧。”

金发绿眼睛面无表情为他们开了门。随着一声清脆的铃铛叮叮，梁校文和方一一前一后出了酒吧。“说吧，你要带我去哪里。”方一回头看了一眼身后自己居住的酒店，迫不及待地问梁校文。马德里的夜晚开始下雪，短暂的冬季开始了。方一明明记得来时约是秋天的景象，或许正如梁校文说的那样，分针时针永远加速旋转，一切都在不断向后跑去。

“到了你就知道了。”梁校文继续卖关子，“我先在路上给你把案件梳理一下。”说完，他拉了一把方一到自己身边，“你靠近点，还指望着我大声说不成。”

方一翻了个白眼。

两个人靠得近了些，梁校文压低声音说，“我想你通过下午在空间的经历应该对案情有了一些了解，你先说说你记得多少吧，主动记忆往往更为深刻。”

“我只记得一场大火，后来有谁失踪了。接着开始下雨……”

梁校文无可奈何地看着她，“你这个记忆力很有问题啊。认真点，好好表现，我可是你短期转长期实验员的考核官。另外，只需要记忆交谈内容，我说过，空间里所有发生过的事情都是人为操控的。”

“哦，好，我想想。”方一边走边陷入沉思，“一个中年男子似乎有不在场证据。”

“哦？”

“他的名字我不记得了，但是他的故事似乎和案件是平行关系。他一直在追逐一个孩子，直到晕倒后才被发现。”

梁校文站定了，问道：“你不知道案发时间，怎么可以判断这个人有不在场证明。”

方一吐吐舌头，“那就当我瞎说呗。”

两个人继续走着，雪越下越大，深深浅浅的脚印在雪地里延伸开。很久没有人说话，梁校文重新开口：“案件的情节大致就是两个人被烧死在家中，其中一名死者是个消防员。蹊跷的是，这名消防员当天并没有任务在身，也就是说，他是提前出现在了案发现场。另外一名死者是女性，是你刚才提到的那个可能有不在场证明的男子。不知道你是否记得，空间里除了你以外的另一位女性？”

“隐约记得，她有个随身带着的包裹？”

“嗯，后来你晕过去了。包裹里面是一笔钱，我后续在空间里验证过。这个女人是消防员的遗孀，案发后不久出国，完全符合当事人现实经历的设定。”

“这个人现在在哪里？”

“现在？年纪不大，但得了老年痴呆，在养老院，喂药也比较容易。”

方一点点头表示认可，继续问道：“我记得，还有一个男人？”

“对，还有一个男人是司机。他的情况比较特殊，已经不存在于现实世界了。”

“怎么说？”

梁校文匆匆地走过一段路，将故事娓娓道来：“他身上还有几件别的案子，一直在流亡。就在他吞下药丸后的几日，他被人干掉了。”说完，他做了一个抹脖子的动作。

“那后续的试验该怎么办？”

“我们当然要想办法进行下去，毕竟找齐这些人可不是容易的事情。”梁校文眨眨眼睛，“我们捕捉了司机最重要的器官数据进行复刻，制作了虚拟器官。其中，意识是最重要的组成部分，因此脑电波肯定要存在。另外还有一些感官组织，用来欺骗大脑身体处于舒适的睡眠环境。总之一切可以模拟的，我们都进行了模拟，将试验误差大大降低。”

“我知道，之前读过类似的叫做‘缸中之脑’的实验，但我一直认为它只是个思想实验，没想到你们……”

“Brain in a vat? 有些类似，可惜我们没有活脑，实验空间里的记忆数据已经是这个叫‘马卫’的虚拟大脑的极限开发了。如果我们拥有的是活脑，把它放入营养液后，我们可以发挥的空间将大大增加。目前我们可以挖掘的只有复刻之后残留在‘马卫’大脑中的记忆碎片和潜意识碎片，整合后在有限的实验空间中进行演练，看看能不能找到什么和案情相关的有效信息……”梁校文眨眨眼睛，“而在虚拟空间里的马卫并不知道这些，只要虚拟大脑正常运作，他就会以为自己还活着……”

“原来先前我在机场觉察到的异样的确是你动了手脚！在虚拟空间里的感觉，如果不仔细留意，除了偶尔有一些混沌和模糊外，确实和现实世界无二分别。如果要用它来操纵人的思维，当事人要如何才能发觉自己是虚拟大脑，缸中之脑，还是真实存在呢？”方一瞪着大大的眼睛望向梁校文，“你们胆子太大了吧，居然进行这么反人类的活动，不怕被抓吗？”

“照理说，我们这些无国籍人士受居住地法律约束，可是如果真的发生什么事，也没有人能再次见到我们。”梁校文又眨眨眼睛，“就像梁校文这个名字，你又怎么证明，我告诉你的名字是我的真实姓名呢？”

方一对眼前的人有了新的认识，如果没有遇见“梁校文”，她这一生都不会想到世界上居然还有这样一群人的存在。

“的确，你是不是叫梁校文这件事情，好像也不太重要了。”

“聪明。”梁校文快速回应道，“再者，我们也没有犯什么命案，或者做一些严重伤害别人的事。不过是帮需要的人查查案子而已。”

“这起案件是谁在查？”方一好奇地问。

“我们对雇主的信息严格保密，实际上，我们也不清楚他的身份。总是有人需要我们去做，这种事情嘛，只要钱到位了，一切好说。”

“那实验预计的期限有多长？”

“短则三五个月，长则一两年。”说到这里，梁校文似乎陷入了一种为难的情绪，“不过，这次的案子有点棘手，很多事情都不顺利。”

“此话怎讲？”

梁校文站在十字路口看了看，漆黑夜晚只有路灯在摇摇闪烁。他没有立即回复方一的话，小声嘀咕了一会，果断地换了一个方向，“走这边，已经快到了。”

不知道走过了多少个街口，他们来到了一排老旧的房子前，梁校文走上一排台阶，来到了一扇狭小的门前。他从一长串钥匙里娴熟地找到了其中一把，左右看看没有其他人，赶紧拉着方一进去了。

“跟上我。”梁校文说。

进门后是漆黑的隧道，梁校文将外套脱下拿在手上，将皮带也抽了下来，“握着这一端，别跟丢了。”

“哦。”

上上下下走了很久，黑暗里方一紧紧地握着皮带。好几次梁校文好像迷路了一样，停下来思考，接着又义无反顾地往前走去。路程的最后是一段长长的下行台阶，方一觉得大概向下走了有五层楼那么远。

终于走到了一扇门前，“这里。”梁校文重新穿好皮带，用嘴咬着手电筒开始找钥匙。方一自然地将他口中的手电筒拿了下来，帮他照着。梁校文一愣，说：“谢谢。”

待方一进去，梁校文小心地关上门，上了好几道锁。做好这些，他从方一手上拿回手电，走到房间的另一边拉下电闸，

“到了！”梁校文开心地说，“欢迎来到我们的工作室。”

第二部分

大象去往森林深处的象冢，他选择最后和自己度过。若我的象冢藏在未来，存在演变成一场消失或意外。我没有征兆地发生，没有预兆地倒下。这世上唯一可能有答案的人，没有答案。

第十六章 案件

麻雀虽小，五脏俱全，这间工作室面积不大，但被塞得满满当当的。木制书架上塞满了乱七八糟的文档，兴许只有他自己才知道哪一份文档里的具体内容。一张大大的办公桌上摆着几台打印机，一盏台灯，还有其他案件的思维导图。看得出来，梁校文从事这行有一段时间了。一开始，方一以为梁校文这样的实验人员工作室定是工业金属风，没想到首先映入眼帘的是一个大大的中国结。

“这……”

“独在异乡为异客，唉，废话少说。跟我来。”梁校文领着方一进到隔壁的房间，从天花板扯下一块白板，又从抽屉里拿出一个文件袋丢给方一，“我们现在开始梳理案情。”

方一抬头，白板上密密麻麻地写着案情分析和人物逻辑图。

“1999 年 4 月 16 日，余城一居民区发生大火。因该居民区过于老旧，大火后导致的电路短路将火势蔓延开来，整整烧了五个小时才被消防员熄灭。所幸起火楼房为临拆迁楼，起火时楼内除事发住所并无其它住户。”

“意思是，只烧死了这两个人？”

“对。”梁校文将两个人生前的照片补在白板上，“周金凤，女，36 岁，无业。事发地并不是她家，据当年邻居的口供，好像是和别人搞婚外情。房子应该是情夫的。”

“王建军，男，30 岁，消防员。事发时无任务在身，却离奇地出现在火灾现场。两个人都被烧得面目全非，案发现场毁坏严重，也没有监控录像进行参照，凶手至今没有找到。”方一若有所思，“原来是一起悬案，可是谁会对这样得案子感兴趣呢？”

梁校文耸耸肩，“我也不知道，酬金不少呢。按理说死者生前都不是什么大富大贵之人，如若是家人想要破案也说不通。财产我也盘点过，周金凤一点积蓄都没有，还跟丈夫在闹离婚。那个王建军倒是手上有点钱，不过事发后被妻子全部取出带走了，也就是你在模拟空间里看见的刘虹梅随身带着的包裹。”

“你的雇主想知道什么？”

“凶手，当然是关于凶手的线索。可是当年现场根本没有留下什么证据。我千辛万苦躲过守卫，连夜到当地警局的档案室，也就找到了这么薄薄的一小叠记载。估计当年没有什么亲属要求彻查，这个案子也没人管了。不过我看了看，确实是蹊跷得很。”梁校文从抽屉里找到一只马克笔，用嘴咬下笔盖，“当年的案情牵涉到了这么几个嫌疑人。一号张怀达，男，40 岁，外地务工人员，是周金凤的丈夫，案发后失踪，至今没有被找到。二号刘虹梅，女，28 岁，无业，现居养老院，养老院也不在余城。因为后来得了老年痴呆，什么也不记得了。三号马卫，32 岁，无业，换过很多份工作。根据我这段时间的调查，我怀疑此人是个毒品贩子，长期干一些非法勾当。实验的主要目的还是为了破案，之前唯一的突破口就在三号马卫身上。马卫几年前偷渡来了马德里，这个人本身在国内的案底就不多，行事很狡猾，为了方便观察他的行踪，我只能亲自到马德里来了，所以我们在马德里设置了这样一个临时实验室。”

“在马德里这么多年都没有找到下手的机会吗？直接打晕了给他吞那个红色药丸不就好了。”

梁校文无奈地摇摇头：“他虽然明面上是各种司机，但实际上行踪不定，非常难查。我猜测他在偷渡前就和组织签了卖身契，应该是欧洲某个非法组织的成员，收入来源都在黑市上。我们在马德里没有什么人际网络，所以这么多年一直卡在这里。好不容易有人下狠手把他干掉了，才给了我们这样一个机会。”

“一号如果长期失踪，你是怎么让他参与到试验里的。”

“这个……自然有我的办法，但是你现在不方便知道。”

“哦。”

梁校文对方一的反应很不满意，“不过你很快也会知道的。”

方一手环着胳膊，开始提问：“所以，凶手锁定在这三个嫌疑人之中吗？”

“目前我掌握到的只有这三个人。”

“有没有可能是这三个嫌疑人以外的人作案？”

“当然有，你看，除了我们目前掌握的这三个嫌疑人，还有情夫，当年的邻居，两家人的小孩，而且居民区外来人员多，指不定还有谁经过案发现场。”

方一想了想，继续问，“太难了吧，一下子让人无从下手。我想想……这个三号，和本案有什么关系？”

“你说马卫啊。”梁校文开始思索，“哦对，我之前是怀疑他和周金凤的情夫有勾搭，这个情夫可能也涉嫌非法毒品交易，并且在当天去过案发现场。”

“那这个人现在在哪呢？”

“我还没找到呢，目前参与试验的也就是这么几个人。兴许能从他们嘴里套到些消息吧。和案件相关的人证没有什么可供参考的信息，物证只有一枚戒指。”

梁校文取出被搜证袋包裹的戒指，“这是死者身上找到的，经核实是王建军和他妻子的结婚戒指。”

方一向梁校文借了支笔，“作为除你本人外，该实验里唯一一个有着自主清醒意识的人，我建议接下来把调查的重点放在情夫身上。”说完，她一本正经地在纸上的人物关系图里画了个圈。

“你说的没错，我也是这样想的。他是本案的直接关联人，当年的案情综述里却没有半点关于这个人的消息，着实奇怪。”说完梁校文走出了房间，“跟我来。”

穿过走廊，二人来到另一个房间门口，梁校文再次找到对应的钥匙打开房门，向方一介绍，“这是我平时做实验的地方。”

正对着房门的是一块落地电子显示屏，方一注意到另外的两面墙上也是相同的电子显示屏。梁校文走到一台仪器前，快速输入了一长串代码启动了机器，所有的电子屏亮了起来，出现了各式各样她看不懂的画面。原来科研人员的工业金属风体现在这里了。

“这是监视仪，用来监视模拟空间导入的意识数据，再和数据库里的数据进行整合，进行第一次机器分析。你可以看到今天运行空间后的意识数据已经分析一半了。”

梁校文快速输入另一串代码，电子屏的场景立即切换，“我现在还在搭建第二次空间的内容，这两天应该可以搭建完成。你对我们下一次的空间内容有什么好的建议吗？”

“你说场景吗？我想想。”方一想到第一次进入空间的背景故事是从机场开始，于是说，“不如放在酒店吧？和上一次的故事内容有一点衔接。”

“酒店的确是个好主意，”梁校文的手指灵巧地在仪器上敲打，“给了我一些灵感。很好。”他满意地笑了。

“上次在空间里发生的种种，算是事故吧？”方一突然记起了梦境中的内容，“一会是结界，一会是悬崖，一会我又回到岸上，后面还发大水。最后我居然在一片空白里醒过来了。”

“呃，的确。因为模拟空间里承载的意识太多了，每个个体的意识都想对空间做出改变。我试验一开始的时候为了最大化模拟真实梦境，确实给个体意识留了一定的修改容许度，但是没想到大家的想象力都这么丰富，导致里面的很多情景很奇怪。”

“没关系，做梦本来就是乱七八糟的。”方一宽慰他。

听到她的回答，梁校文愣了一下，“你说得对。原本我总是想尽力现实化，却忘记本身这就是梦境。后面你身处空白是因为空间素材用完了，我只搭建了那么多。不好意思，我已经把问题都记录下来了，下次尽量避免。”

记录好以后，梁校文又迅速按下一个按钮，一支长长的机械臂从天花板上掉了下来， 下面吊着一个透明的玻璃盒子，里面放着一只无暇的白玉镯。

“这是我送你的见面礼，来，看看合不合适。”梁校文迅速取下玉镯戴在方一手上，“哈哈，尺寸刚刚好！”

“这是什么呀？”方一被他一连串的举动弄得晕头转向。

“为了保障微型机器人在你体内的运作，我需要给你戴个手环检测他们工作。你平时就当作运动手环戴吧，你滑动试试，时间、心率、天气什么的功能都有，太阳能的，不用担心没电。”

方一按照他说的把玩了一下，果真，各种功能都有，还有紧急呼叫。“怎么还有紧急呼叫，呼叫谁？”

“我呀，你作为重要实验人员当然需要重点保护起来。不过你应该用不上，你有什么危险情况我这里会第一时间发现。”

方一想要把手镯取下来仔细看看，却发现怎么也取不下来，“你这玩意儿怎么取不下来？”

“哼，还想取下来？不可能了。”梁校文坏坏地笑了，“它会根据你手的尺寸进行伸缩，所以除了我，你别想把它取下来了。”

“不会吧？”方一一伸手敲在他的仪器上，“敲不碎吗？”

“唉唉唉！你干嘛！”梁校文连忙制止她的危险举动，“敲不碎的，怎么也敲不碎。看着像玉，实际是特殊材质做成，我这是心疼我的仪器呢。”说完，他心疼地擦了擦刚才被方一敲过的地方，“好了，时候不早了，我送你回去吧。后续空间搭建好了我会通过手环通知你的。”

方一伸了个大懒腰，“的确，困死我了，脑子已经不转了，那我们走吧？“

“走去哪？”梁校文哈哈大笑，“你稍等。”只见他又迅速在仪器上敲下一串代码，紧接着他把方一拉到身后。在她刚才站过的地面上升了一一个圆形的东西，长得和体重秤差不多。

“站上去，我送你回酒店。”

“这个也太方便了吧？”方一好奇地站了上去，却看见脚底出现了一串数字，“这不是我的体重吗！你不准看！”方一生气地说，“转过身去！”

“好了好了，快回去吧！”梁校文不耐烦地按下按钮，方一瞬间消失在称上，实验室回复了宁静，显示屏在黑暗中无声地闪着光，一个人影在机器前面独自忙碌着。

“晚安。”

第十七章 调查

“嘀嘀嘀，嘀嘀嘀”。

一大早，方一就被手环吵醒了。洁白的玉手镯上显现出一行蓝色字体：模拟空间已经搭建完成，接下来要进入新的试验环节。

“怎么进入？下一次睡眠吗？”方一小声嘀咕。

手环上的蓝色字体很快消失，变成了另一行字：你先来我工作室。

“哈？你能听见我说话？”方一吓得从床上坐了起来。这一次，手环上的蓝色字体没有变化，而是呈现出一种翠绿色，周身散发着荧光，将她的手抬到空中。方一盯着自己没有丝毫力气悬浮在空中的手，吓得合不拢嘴巴。

突然，手环再次发出了两声嘀嘀，向着大门口飞去，好像一个人拉着她的手往前奔跑。方一慌忙穿上鞋，在手环的指引下开始飞奔，穿过昨晚梁校文带她走过的大街小巷，来到了那座奇怪的房子前。

门已经开好，依旧是一次只能进一个人。方一走进房子，门迅速关上。即使是白天，屋子里还是漆黑一片。手环在黑暗里冒出萤色光芒，飞快地指引她走过上上下下的楼梯来到了工作室前。

“进来吧。”里面的人在招呼着，手环终于消停下来，方一一脸震惊地站在梁校文面前，看着自己的左手在空中缓缓放下。

“昨天晚上我受你的启发，将模拟空间连夜搭建好了。”梁校文顶着两个巨大的黑眼圈，一头鸡窝在仪器上敲下一串代码，电子荧幕上立即显现出画面，“这次的模拟空间搭建的时长是上次的两倍，不会出现空白场景的失误了。”

画面上，一座豪华酒店出现在眼前，巨型观光电梯，五层楼高的大堂，穿戴整齐的服务生。画面一转，每间客房都是豪华配置，两米大床，私人会客室，电动浴缸与无边泳池，房间里还有自动送餐服务。

“这未免也太豪华了，马德里有这么好的酒店吗？”

“没有。”梁校文无可奈何地说，“所以我打算把这个模拟场景留给下一个空间使用，这个是我们的。”他又迅速在仪器上敲了几下。

电子屏上，令人瞠目的豪华酒店消失了，一座被森林环绕的三层小旅馆出现在眼前。

“什么，这差距也太大了吧。”方一失望地看着电子屏，“我申请参与下一次试验。”

“那也得先完成这一次。”梁校文又开始忙碌着什么，“第二次实验的场景还是较第一次丰富了许多，我很仔细地检查了一遍，不会出现第一次那样的错误了。而且在第二次实验中，我给每个被实验者都添加了更加完善的设定……”

梁校文突然停住了，他一激动忘记了方一也是被实验人员这件事，一股脑把事情全说出来了。他看向方一，好在她没有仔细听他说的话。

“我记得那个梦里出了机场，除了车就是公路，太诡异了。”方一摇摇头，“希望这个三层小旅馆能稍微正常点。”

梁校文自信地点点头，他拿起方一的手环检查了一下，说，“不过，我昨天在监测数据的时候发现了一个小问题，刘虹梅体内的微型机器人好像不工作了，不知道是不是距离太远的原因受到了太多因素干扰。我们可能需要重新去一下她所在的养老院。”

“她的养老院在哪呢？”

“在国内。”

“国内？”方一的下巴都快掉下来了，“还要坐飞机飞回去吗，太远了吧。”

梁校文迅速在键盘上敲下一行代码，昨天晚上方一用过的那个体重秤一样的玩意儿从地板下冒了出来，“用它啊。”

“那我要怎么回来？”

“这是个好问题！”梁校文幡然醒悟，“我想想。你可以去养老院，我得在这里检查机器人在她体内的工作和数据的读取情况，所以也只能你一个人去了。不如这样，我把你的意识传送过去，你喂刘虹梅把红色药丸吃下去我再让你的意识回来。这个手环同时是有通讯功能的，我们可以通过这个随时联络，我也能观察到你周围的各种动向，有任何情况你随时说。”

方一不解地看着他，“让我的意识过去，什么意思，那我的身体还留在马德里吗？”

“是的。本体还在工作室里，你放心。”梁校文又开始在仪器上忙碌起来，体重秤消失了，一个躺椅从一侧墙里滑动出来。银色的座椅上放着舒适的白色软垫，底部是亚克力材质。

“坐上去我把你送回国去，哦，别把它忘了，”梁校文取过方一的手环，手指扫过屏幕，一个凹槽出现在上面，他将红色药丸塞了进去，“快去快回，这是你的一个任务，要好好完成。”

紧接着方一像被赶鸭子一样赶到了座椅上，她闭上眼很快睡着。

场景一变，眼前的画面逐渐清晰，方一来到了刘虹梅所在的养老院，梁校文在仪器前监视着她的一举一动。养老院的入口是一扇老旧的大门，上面爬满了藤蔓的枯枝，显现出一种凄凉的景象。方一走上前轻轻一推，门"嘎吱"一声开了。

"门开了！"一个苍老的声音叫道，方一吓了一跳。

"知道了知道了。"一个四十岁左右的护工不耐烦地走过去把大门关上，完全没有看见方一。方一连忙向前一步，挤进了院子。

"除了同样有手环的人，其他人都看不见你。"方一的耳朵里冒出了梁校文的声音。

在这里，方一觉得自己的身体十分轻盈，她看见有风吹过院子里的枝桠，发出沙沙的声响，可是她感觉不到风的存在。这大概就是所谓的灵魂出窍吧，她想。

"你来了。"一个女声在背后响起，方一转身，看见了一个似曾相识的身影。

"她是刘虹梅，你们之前见过。"梁校文的声音再次响起，方一这才注意到她手上有一个一模一样的手环。她盯着刘虹梅好一阵，脑子里浮现出上一次见到她的模样，那时候只有二十八岁的刘虹梅，看上去比现在要年轻一些。方一不知道怎么回答她的话。

"他们都太坏了。"刘虹梅目光呆滞，方一想起来梁校文提到她现在患有老年痴呆。刘虹梅拉起方一的手往院里走，"还好我平安地逃出来了，如果落到他们手里，可不知道会发生什么。"

原来她还沉浸在那个"梦"里。方一觉得这个实验确实很有意思，至少她和眼前的刘虹梅共享了一小段记忆，而记忆的产生没有依靠任何直面的接触却又共处同一个空间。可是，为什么在第一次实验中的刘虹梅，对自己的认识还停留在二十年前呢？这难道是梁校文的设定吗？他为什么要这么做？

院里的人的其他人看不见方一，只能看见刘虹梅拉着空气在慢慢走，但他们好像一副见怪不怪的样子。刘虹梅拉着方一的手一直来到了她房间，对她说，“我的事情我只愿意偷偷和你说，你不要告诉他们。”跟着她坐下，不知道她要干嘛，只能答应一句，“好。”

梁校文的声音再次响起，“她还记得空间里发生的事情，你索性多和她聊两句。”

方一不知所措地回答，“可是我根本不认识她，在空间里也没和她说什么话，我要怎么和她聊。”

“无非是多问几句当年的案子，你肯定行的。” 方一还没回答他，刘虹梅奇怪地望向她说，“姑娘，你在和谁说话呢？”

“没什么，我说，您可以告诉我。”

“唉！”刘虹梅像个孩子一样高兴地笑了，眼睛里依然是一片浑浊，她喝了一口水，呜呜地哭了起来，“带上车的那个包，是我偷偷去取的。是一个坏人，他骗我，结果还害死了我老公。我知道你和他们不一样，你不会来抢我的东西。”刘虹梅突然握住了方一的手。

上一次在空间里的情景逐渐在方一的脑海里变得清晰，一个紧紧护住包的女人上了车，也不愿意和大家有太多的交谈。不过在她昏迷的时候，刘虹梅站在她旁边，后来还扶住了她。方一对眼前的女人印象不算太坏。

“包里是什么？”

“钱！都是我的钱！”刘虹梅惊恐地说。

“这些钱是从哪里来的？”方一问。

刘虹梅摇摇头，好像没有听见她的问题：“就这么些了，在他的账户里，其他的他都带走了！卡里就给我留了这么点！他是不是很坏！可是我知道远不止这么些！”刘虹梅变得很气愤，“是那个男人害的！还害死了我老公！”

“他是谁？”

他是谁？梁校文也很好奇。难道这个刘虹梅，当年在除了她的丈夫王建军之外，还有别的男人？从她之前的碎碎念里来看，这两个人还有一些见不得人的金钱往来。

“嘘！”刘虹梅惊恐地作了一个噤声的动作，“不能乱说，不能乱说。”刘虹梅动作夸张，蹑手蹑脚地把门窗都关上了，确定屋里没有别人之后，坐到方一边上，对她说，“危险！危险！到处都是耳朵！”她从抽屉里掏出一个信封，上面写着陈局两个字。

“是他。”

第十八章 进展

“建军死了。”养老院里，刘虹梅的表情开始变得哀伤，方一不知道该怎么安慰她。刘虹梅没有等她做出反应，起身从抽屉里拿出了一沓纸，递给方一。方一接过，只见上面写着保险之类的东西。

“我是个蠢女人，”刘虹梅突然开始敲打自己的头，“我好蠢，我被人骗了。”

方一拿起泛黄的纸张，这是一份二十年前的保单，受保人一栏写着王建军，受益人一栏写着刘虹梅。

“她给你什么了？”耳朵里传来梁校文的声音。“是一份保单，王建军死后，刘虹梅可以得五百万。”

“五百万？”梁校文的神情很疑惑，“我重新回想了一下包裹的大小，里面至多放着几十万，怎么可能装的下五百万。”

“如果刘虹梅是为了这五百万的保金杀死自己的丈夫，又为什么要让他去一个连她自己都没去过的居民楼呢？”

“这点确实很奇怪。”梁校文马不停蹄地将刚才刘虹梅说过的话输出为文字形式的笔录，“她刚才提到了一个叫陈局的人，如果刘虹梅和陈局有婚外情，这和王建军去居民楼有什么关系呢？”

方一点点头，问刘虹梅，“您刚才提到的陈局，是什么人？”刘虹梅木讷地摇摇头，完全没有听见方一的提问。

“我原以为，我傍上大款了。我背着他做了那么多见不得人的事，他为什么还要对我这么好。除了钱，我真的没想过别的，我怎么会害死他呢。”刘虹梅捶胸顿足，看上去很痛苦的样子。

方一和梁校文陷入沉默。忽然方一的耳朵里传来了梁校文炸裂般的声音，“我知道王建军为什么会去那个地方了！”

“为什么？”方一疑惑地问，“如果单纯是以刘虹梅的名义约王建军过去，他有那么傻吗？会意识不到其中有诈？而且那个地方如果很偏，刘虹梅没有理由会出现在那里呀？”

“那还会有什么别的理由呢？我好像又有一个新的想法。”

梁校文话音刚落，刘虹梅突然痛苦地摔倒在地上，晕了过去。方一一边把她从地上扶起来，一边对梁校文说，“你快说啊，一惊一乍的。”

梁校文洋洋得意的声音从耳朵里传出来：“如果是刘虹梅让他去，王建军不一定会前往。但如果是他非去不可的事情呢？目前看来，陈局利用刘虹梅捞了一把，骗保跑人这件事基本坐稳了。但是这个和我们主要要调查的案件关联不太大，只是把缺失的小分支补上了一些。”梁校文仔细地在纸上写写画画。

“目前看来，能让王建军出现在那里的原因或许只有这个了。但是王建军不会觉得奇怪吗，为什么地点会在一栋即将拆迁的楼里。”方一气喘吁吁地把刘虹梅扶上椅子，对着空气说话，“这个陈局害死了王建军想要骗保，又将刘虹梅的钱转到自己的名下，刘虹梅最后拿到的只有一点点抚恤金，他一个人卷走了五百万，也是够狠的。”

“我想王建军肯定是怀疑过的。”梁校文回复方一，在键盘上快速敲击，调出了余城事发地点的照片，破败不堪的样子令人唏嘘，“但是如果就是有个人在命令他过去，这就不得而知了。”

“有些道理，这么看来，王建军的案子算是有了些眉目。刘虹梅太蠢了，想从陈局这样的人身上捞钱，却把自己还有自己老公都给搭了进去。”方一看着熟睡的刘虹梅，觉得她既可怜又有点令人讨厌。

荧幕上，刘虹梅的心跳线条平缓下来，显示进入了睡眠状态，“就是现在，给她喂药丸。”梁校文指挥着。方一的手环浮现出一个小小的窗口，她取出那个红色药丸，塞进了熟睡的刘虹梅嘴里，又给她喂了一点水。没过多久，梁校文的显示屏上出现了关于刘虹梅新的内容，“很好，机器人运行正常，你的任务完成了，我现在让你回来。”

梁校文最后一句话刚说完，方一就脱离了这个场景。可是她听不见梁校文的声音了，她发现自己再次来到了一个白色空间里。

难道梁校文的模拟空间又出现了问题？方一满心的疑惑。可是，刚才明明是梁校文调动自己的意识作出行动，而且对象仅局限于刘虹梅一人，并没有进入模拟空间，那这个白色的地方又是什么新的故障？

不过，方一注意到，和之前在模拟空间里的白色地带不同，这个地方没有黑色线条从头顶划过，而且周围令她觉得十分温暖和安全。她大喊了几声梁校文，没有得到回应，便开始在这个白色的地方奔跑起来想要寻找出口。她发现远处有一团浓浓的白雾，白雾里面好像藏着什么东西，雾不停地从那个地方向外汩汩涌出。她好奇地朝着白雾走去。

“别过去。”

一个声音在空间上方回响，方一仔细地聆听，发现不是梁校文的声音。她感到恐慌，像是突然记起了什么一样猛地抓住自己的左手腕，却发现空空如也。梁校文之前给她的手环在这里消失了。方一呆呆地望着这个奇怪空间里的白雾，不知所措地继续向前走。

“别过去。”

那个声音再次响起，一声汽笛声突然从耳边划过，方一感觉自己的脑袋开始剧烈地疼痛起来。“啊！”她痛苦地抱住头蹲了下来。远处，那团白色的雾正不断地向她袭来，方一只觉得双腿发软，一点力气也没有，眼睁睁地看着雾越来越近，越来越近。

“啊！”方一大叫一声，苏醒在梁校文的实验室里。

她大口地喘着气，渐渐恢复意识，耳边传来了梁校文敲击键盘噼里啪啦的声音。黑暗的试验室里，她下意识地去握左手腕，一阵熟悉的冰凉袭来，玉镯还在。

方一走到梁校文背后，拍了他一下，梁校文跳了起来，恐惧地看着她。方一觉得他这么大反应有点反常，“你怎么了？”她问。

“我，没什么。”梁校文防备地看着她，“那什么，任务完成得很好，你可以先回去了。”

“就这样吗？”方一看上去有些失望，“刘虹梅吃下药丸，这个任务好像也不是很难。”

“嗯，我们，我们不是已经得出了王建军去居民楼的原因吗。是有人要加害于他。”梁校文大口地喘着气，迫使自己平静下来，领着方一走出了实验室，来到了旁边的案情分析室。方一纳闷梁校文为什么看上去这么奇怪，但是梁校文并没有给她开口问的机会。

“可是，就算是陈局利用刘虹梅害死王建军骗保，为什么要放一把大火那么引人注意呢？”梁校文重新投入道案情分析中，将一个大大的问号写在白板上，王建军的照片旁边。

“兴许是过程中两个人有打斗，凶手为了毁尸灭迹，干脆一把火全烧了。”

“你的意思是，凶手在杀死王建军后，担心现场留下的线索太多，才一把火把楼给烧了，”梁校文盯着白板出神，“可是，根据当年的案件卷宗显示，起火地点是周金凤的情夫家中，为什么王建军会出现在那里呢？我已经把几个人生前的资料都看了一遍，没有发现任何关联。”梁校文开始转动脖子想要放松一下，看上去很滑稽。他一边转动着脖子一边提问，“会是什么，让两个毫无瓜葛的人葬在了一起？”

显然，这是个一时间难以解释的问题，房间里陷入寂静。

“不过，就在你刚才去见刘虹梅的时候，我在当年的资料里有了一些新的发现。”梁校文打破沉寂，走出房间，从办公桌上拿出了几张新打印出的报告单，“你看看这个，虽然尸体被毁坏得很严重，但是我刚才通过复原技术，发现死者王建军身上有很多疑似刀伤的痕迹。可能他在起火前就已经死了。”

“又或者，他在起火前受了很重的伤？”方一补充道。

“对，但是奇怪的是，周金凤相比较就很平和，没有王建军那么挣扎。结合刀伤来看，我倾向于起火地点并不是王建军的第一现场。”

方一点点头表示认可。

“但是王建军为什么会死在周金凤旁边还是解释不了。”梁校文挠挠头，对方一说，“不过好在这次拜访刘虹梅对案情的推进有了帮助，你准备准备吧，模拟空间我已经完善得差不多，今晚我们就可以进入第二次试验了。”

方一再次点点头，“好的。”她自觉地向实验室走去，准备传送回酒店。可是她发现身后的梁校文并没有动静。方一回头，看见梁校文正盯着她的背影出神，“怎么了？”她问道。

“啊，哦。”梁校文回过神来，“我送你回去。”他慌乱地带方一来到实验室，思忖片刻，有些不安地问道，“我只是想问，你第一次被调动意识行动，会不会有哪里不太舒服？”

“我？”方一想了想，“没有，不过和上次一样，我最后发现自己在一个白色的地方？”

“哦？白色的地方？”梁校文好像有些心不在焉，“稍后我检查一下，按理说，刚才没有出现仪器故障或者读取空白的情况。”

方一自觉地站上传送仪，梁校文对她说，“今晚十点实验开始。”

“好。”

梁校文想了想，又说，“那你自己注意安全。”说完按下了传送按钮。

第十九章 旅馆

回到酒店，方一郑重地做好了所有准备工作，手环在黑暗中闪着荧光。她躺在床上，关上灯，轻轻滑动手镯到时间页面，十点即将来临。方一闭上眼，感受耳边城市的细碎嘈杂逐渐变弱，直到完全消失。

故事开始了。无数条看不见的光从实验室里冒出来，他也安心地合上了眼睛，进入自己设定的模拟空间里。进入空间前，他不止一次地想，这真是一件有魅力的差事，编织一个自己乐意的梦境。

其实哪里有什么伙伴，和方一说的那些都是他自己瞎编的。世界上很难再找到第二个像他这么聪明的人了。不过，这一次的案件他莫名觉得压力很大，他感觉自己的高智商被一股什么奇怪的力量压制住了。

方一？是她吗？这个不打招呼就闯入空间试验的怪人。可是看她的智商不像是那种可以对试验起到破坏力量的人。想到这些，梁校文迟迟没有进入空间。他突然想起了在上一次实验中方一对王建军尸体的奇怪反应，以及今天下午，方一对刘虹梅做的奇怪举动，事后全然忘记，还声称自己掉入一个白色区域。

诡异，太诡异了。梁校文看向仪器，上面提示被实验人员已全部到位，他赶紧闭上眼睛。

一个女人朝着马德里的一处旅馆的方向前进，点点萤火环绕周身。她背着一个巨大的帐篷，还有随身的干粮和水壶。在这个一抬头就可以看见北极星的地方，只要沿着脚边的小溪走，就可以抵达市郊的一处家庭旅馆。她应该没有记错，这是下午面包店的伙计给她指的路。想到这里，方一掏出面包狠狠地咬了一口。

简单的覆盆子果酱面包，覆盆子果酱夹在黄油烤制的松软面包里，即便冷却了也是风味依旧。方一坐在路边品尝着覆盆子果酱混合黄油的清甜，就着沿路的草香，就这样把晚饭对付了。她放下包袱，从口袋里找到那张折叠过无数遍的旧地图，想通过查找自己离附近的公路有多远来判断自己的位置。幸好随身还带着手电筒，不然黑灯瞎火的要看清地图上密密麻麻的线路和文字着实是有些难度。方一仔细地盯着地图，沿着几条线开始寻找。

黑夜白昼总是交替工作，在没有找到下一处栖息地之前，背包客是守夜人，证实夜晚发生的一切。背包客走过的每一片土地，登山杖落下的每一寸草坪，残存着曾经来过的印记。在到来前，她是一张白纸，后来面包与草香沁入身体，她成为了这里的一部分，这里成为了她身体的一部分。他们给彼此互相证明，产生交流，达成共识，再迎接下一个对象的来临。

方一重新背上行囊，向着森林的更深处走去，不出意外，在远方的太阳完全落下去之前，她还是可以抵达家庭旅馆喝上一杯热茶。

夜晚总是带着冰冷的气息，十二月是它的伙伴，为草木披上严肃的外衣。它们舒展的叶片变得僵硬，温柔的水珠逐渐凝结成不友好的冰粒子。方一不自觉地裹紧外衣，小心地行走在林间小路上。这样艰难的时间没有过去太久，很快，她就看见了不远处的点点灯火。

故事拉开序幕了，方一想。在进入旅馆后，她会很轻易地忘记自己的真实目的，正如她回想下午面包店伙计给她的指引时，一切都是那么的真实可信。她知道，这些都是这个模拟空间搭建的一部分。梦境总是可以引诱出人们最深层次的意识，往往连自己都无法辨识和理解的部分，都会通过梦见完全地展现出来。看着手上那只白玉手镯，方一觉得自己就像是一个被迫脱光的人，赤身裸体地站在梁校文的仪器前等待检验。

为了减少这样的情况发生，她决定做一些标记。她在背包里翻了翻，不一会儿就找到了一支圆珠笔，她在自己的手掌心画了一个自己可以辨识的图案，以便每一次看见图案，就可以提醒自己身处梦境。

脚步逐渐沉重起来，这些东西实在是太重了。方一一步一步地走到了家庭旅馆，推开了木制玻璃门，又是几声清脆的叮铃叮铃。门后是一阵馥郁的混合香气，里面掺杂着各种花香木香，浓烈又热情，使人头脑眩晕。旅馆内，壁炉里的炭火烧得正旺，火焰欢快地向上冒着，在黑暗中呈现出生机勃勃的景象。

方一走到旅馆的柜台前，要一间单人房。她清楚地看见这个服务生的胸牌上写着，Admin：Xiaowen Liang。他看上去太令人熟悉了，方一看着他那张脸，陷入沉思。

“小姐，你的房间好了，这是钥匙。”对面的人递来房间钥匙，上面贴着房间号码：135，是一楼的房间。方一接过钥匙，看见对面的人眨眨眼睛。

梁校文。她的脑海中闪过这个念头。方一晃晃脑袋，念头消失了，她觉得此刻自己的头脑非常不清楚。方一停顿了一下，问：“你好，请问 135 怎么走？”

“直走右转，在 130-140 房间方向，您对照着指示牌看一下。”

“能否给我一杯热茶，外面实在是太冷。”

“没问题，小姐。”梁校文迅速给她倒了一杯。

喝完热茶，方一背着行李按照前台指引的方向很快找到了房间，疲惫使她很快进入梦乡，一夜过去。第二天早上，和煦的阳光洒在花绒地毯和木制地板上，但昨夜的寒冷还没有完全褪去，方一洗漱完毕来到旅馆的餐厅吃早饭。

“早上好，小姐，”梁校文在进行登记工作，“您的房间号是？”

“135。”

“好的，小姐。咖啡，茶还是鲜榨果汁？”

“嗯，咖啡吧。”

“好的，小姐。”

方一找到一处靠墙的位置坐下，按照计划，她要在这间家庭旅馆呆上三天再前往下一个目的地。梁校文为她端来咖啡和一些糖和奶，方一就着咖啡开始吃手上的吐司。这时，两个中年男人也来到餐厅吃早餐了，他们看上去是一起来的。梁校文做好了登记，二人开始拿食物。没过多久，一个女人也下来了，看上去十分憔悴，头发乱糟糟的。她匆匆登记好了，心不在焉地拿了两根香肠。

“啊，看来我们的客人们都到齐了。现在我有一件事情要和大家宣布。”梁校文微笑着面向所有人，开始说话，“我们的家庭旅馆位置偏僻，交通不便，我相信你们大部分人都是为了度假来到这里的。今日天气很好，虽然昨夜森林里有一些雨水，但这并没有太多的妨碍。我们决定在森林里举行一场捉迷藏比赛，胜利的人可以获得一份免费的晚餐。”

梁校文正在说着，门口的铃铛忽然响了。

“哦？好像有新的客人。”

一个高大的中年男子出现在视线里，“我要办理入住。”他说。

“稍等先生。”梁校文连忙走过去为他办理入住登记。方一吃完手中的吐司，静静地等待着什么。只见梁校文手舞足蹈地跟那个高个子说了一通，将他领到了餐厅吃早饭。那人把所有的东西都拿了个遍，开始坐在角落大口地吃了起来。

“我刚才忘记说了，除了免费晚餐，还有五百欧元的现金奖励。如果大家喜欢我们的旅馆，欢迎回去后多多介绍给亲戚朋友们。”

“我们参加，不过是捉迷藏而已。”结伴而行的中年男人之一举了手，随后坐在角落里的中年男子也举了手，方一也把手高高地举了起来。最后，梁校文微笑地看向另一个女子，问：“刘小姐。你有兴趣参加我们的活动吗？”

“好。”她点点头。

“真是太好了，现在刚好是六个人。待大家用完早餐，我们就到旅馆外的草地上集合吧。”

一杯黑咖啡是美好一天的开始，方一走到屋外准备集合。阳光明媚，她对着阳光看着手掌心，发现上面不知道什么时候开始有一个奇怪的图案。正当她在思考这个图案的含义时，梁校文开始宣布游戏规则了。

“在我们身后的这片森林里，有一种很奇妙的果实，附近镇上的人传说，这种果实只有年末才会出现在这片森林里，是当地的一种特色。我们接下来要找的就是这种果实，现在我把它给大家传看一下。”一个紫色的圆球出现在梁校文手上，很快就传到了方一这。确实很奇特，紫色的圆形果实，表面光溜溜的，以前从没有在别的地方见过。

“找到果实数量最多的组获胜。好了，比赛分两轮，下午太阳落山比赛结束，中午大家可以回到旅馆休息，我们会为大家准备三明治。接下来自由分组吧。”

两个结伴前来的中年男子站在一起，梁校文见状也站了过去，剩下方一，刚来的游客，和另外一个女人一组。

“那么比赛开始，大家分头行动。再次欢迎大家来到小镇。”梁校文微笑地说。

第二十章 失忆者 马卫

梁校文和两个结伴前来的中年男子走进了森林。要三个成年人在森林里找什么幸运果实，说实话这个设定有点尴尬，可在搭建模拟空间的时候，梁校文实在想不出什么别的借口让大家进入森林了。上次的设定倒是很合情合理，四个刚刚结束旅途的乘客和一个司机，而能刺激到所有人的尸体就藏在车子的后备箱里。这一次，梁校文也设想过是否要将尸体放在旅馆，但是如果一开始没有给所有人制造一个完全一样的动机，势必会增加率先发现尸体的人的嫌疑。

为了唤醒被实验人员的深处记忆，他甚至捏造了一个金贸的形象。不过很遗憾，金贸刚死不久，还来不及对他的意识数据进行分析，只能以机器人替代他在空间运行，但是根据他生前的照片模拟了一个大概的样貌出来。

“这个活动搞得有点意思。”马卫在森林里和张怀达并肩走在一起，“一开始你说捉迷藏，我还以为是找人。”

“哈哈。”梁校文笑了。

“唉，年纪大了，比什么赛啊，就在这森林里随便乱转吧。”张怀达索性不走了，在一块大石头上坐了下来，“来，都坐，吃完饭休息休息。”三个人先后坐了下来。

“来度假？”梁校文问。

“算是，来办点事情，请了个当地的司机。”张怀达指指身边的马卫。马卫点点头，他看着梁校文，笑嘻嘻地问，“小伙子国内哪里的？”

梁校文看着他礼貌地说，“余城人。”

“哦，余城。”马卫的目光呆了一下，“那地方我呆过。”

“是吗？”另外两个人的兴趣一下被他勾起了，都想听他讲接下来的故事。

马卫好像没有做好说的准备，慢慢把头转了过去。另外两个人见他没有说的打算，也没有追问下去。马卫盯着地上看了一会儿，说，“现在我都出来了，也没什么说不得的事情。现在司机这行也不好干的，在这之前我也不是司机，干过的活那海了去了。”

“是吗？”张怀达说，“我也是个四处混过的人，你随便说。”他想让马卫放下戒备。马卫知道他的意思，索性顺着他的话继续说，“现在也没什么事，那我就随便讲点当年我在余城的事吧，你们随便听听。”

另外两个人点点头。

“余城那会儿，可比不上这里。小伙子，我不是诋毁，环境太差了，又穷，啥都没有。活可不太好找……”

余城是一个没有四季的地方，老一辈的人常说，这里之所以叫余城，就是因为这个特点。没有四季，一年中的任何时候去都是一片死气沉沉灰头土脸的面貌。余这个字，既是剩余，也是多余。这里就像一个被全世界遗忘的角落，塞满了被全世界遗忘的人。每个人都是死气沉沉灰头土脸的，守着自己眼前的一亩三分地。

余城没有什么工业，也没有什么商业，到处都是低矮的小平屋，小砖房，小烟囱，小马路。留在这里的年轻人是没有前途的一代，在所谓的舒适区里麻木地混吃等死。居住在这里的老年人是别无选择的群体，在自己守了一辈子的地方麻木地混吃等死。

如果一定要做比较，这是一座失败的城市，里面生活着一群失败的人。很显然，这里没有什么可取的地方。可是失败的地方往往有许多故事，因为成功总是千篇一律，而失败的背后却藏着一万种原因。

马卫就是这支城市大军中的一份子。他碌碌无为，整日生活在不见天日的地方。按照他们的话说，这样的人被称之为影子，即使太阳高高升起，也永远活在黑色的影子里。

在余城生活的时候，马卫是一个自由职业者。他从哪里来？有无父母兄弟？没有人知道。他只是城市大军里的一个常见的单位，吃了上顿没下顿。如果说他有什么长处，那就是送东西。

很多人可能会说，送东西算是什么稀罕的事情，可是马卫送东西不一般，又快又准时，还能悄无声息。他是个出了名的跑腿，跑腿的活构成了他主要的生活来源。这样的人和送快递的又有很大的区别。送快递是正大光明的送，正大光明地收钱，明码标价。可是像马卫这样的“跑腿”就没有那么简单了。

最大的区别就是，马卫的跑腿比送快递的酬劳要高上好几十倍，甚至好几百倍。为什么差距会这么大呢？马卫也不清楚，他虽然没有太大的本事，但是有着非常高尚的职业道德，那就是他从不过问他送的东西具体是什么，他只管按照要求，在特定的日子，特定的时间，以特定的方式，送到特定的地点。

这一天，马卫接到一个活，要将一个包裹送到老城区的一栋居民楼里。马卫记得那一块即将面临拆迁，什么人会在收货呢？于是他断定，这里面肯定不是什么好东西。

马卫早早地出发了。这样的活他接过太多，这一次没有什么特别要求，难度不算大。他戴好早就准备了的黑色鸭舌帽，朝着纸条上的地址走去。自打干上这一行，马卫从来没有乘过任何交通工具。

他想得很明白，干这一行最需要忌讳的就是和别人产生交集，所以走路是最好避免和人产生交集的方式。在那许多年间，他都没有乘坐过交通工具，后来他却把所有的时间都放在了交通工具上，开车，做一个司机，这不得不说有一点补偿心理。

马卫准备好了，开始走路。那一天的天气阴阴的，给人感觉很不好。原本不是一个很难的活，却给了马卫一种完不成的感觉，总之是一种强烈的坏的预感。一路上没有发生什么特别的事情，余城依然是余城，路上的每一个人都灰头土脸的。

马卫揣着包裹走着，走了将近两个小时，终于来到了纸条上说的地点。那里真是破，余城已经够破了，那个地方简直是余城最破最穷的地方。他低头看了一眼手表，离交货的时间还有十几分钟。于是他走到马路对面的树荫底下开始抽烟，静静地看着这堆破房子。

五分钟过去，没有一个人影出现在这附近。马卫重新把纸条上的地址看了一遍，确定自己在对的地方，然后继续等待。紧接着，一个穿着蓝色外套的年轻人来到这里。他好像也是来找人的，在门口犹犹豫豫地转悠了一下，然后下定决心般地进去了。他整洁的样子看上去不属于这里。

暴风雨即将到来，知了却在树杈间放肆地大叫。马卫抽着烟，眯着眼睛看着眼前这摊几近废墟的老旧居民房，他开始猜测这里面是不是还住着人。几栋孤零零的楼房渲染出了一种静立的肃穆感。马卫不由得想，如果这个时候，搞一台三脚架在这个位置拍黑白照，一定很带感。他深深地吸了一口烟。

十几分钟很快过去，马卫并没有看见那个穿着蓝色外套的年轻人出来。不过快要到约定的时候了，马卫熄灭了烟，在地上踩了两脚，握紧怀里的包裹，走了进去。

地址在四楼，马卫很快到达了一扇破旧的黄色木门前，敲了几下。里面没有声音。马卫看了一眼手表，超过了交货时间一分钟，按理说不会出什么问题的。

他再次敲门，屋里没有一点动静。为了安全起见，他不能再敲第三次了，而且，他必须在交货时间过去五分钟内离开这个地方。如果对方没有开门，他的任务就宣告失败。

马卫焦急地在门口等待了一会，没有发出一点声音。门还是没有开，他沮丧地下了楼，离开了那里。可是他刚下楼不久，就闻到一股浓烈的烟味，一回头，看见四楼的窗户冒出了滚滚浓烟。马卫吓了一跳，但是又不敢仓皇逃跑引起别人的注意，只好快步离开了现场，按照相反的方向走了三小时后，找到一处公用电话亭报了警。

因为任务失败，他也不敢继续留在余城。报警后不久，开始下雨，狂风暴雨冲洗着这座城市，马卫的脑子里充斥着刚才浓烟滚滚的画面，没有打伞，独自在雨里走中，怀里还揣着没有送出去的包裹。

他就这样在雨里走啊走啊，走到了一座桥上，他还记得那座桥很宽，是个拱形，可以并行两辆汽车。桥的这一头是余城，桥的那一头，什么也没有。马卫看了看脚下有着排山倒海之势的滚滚河水，将怀里的包裹丢进了水中，头也不回地走到了桥的那一边，再也没有回到过余城。

“后来我才知道，那栋楼整整烧了五个小时，火才被完全熄灭。我猜除了我以外，没有其他人报警。听说里面烧死了两个人，凶手至今没有被抓到。你们想，我敲门的时候，屋里会发生什么？我一想到这件事后背就冒冷汗，当年也许我就和凶手一门之隔。”

第二十一章 休息

“不过现在也不用在意那些了。如果不是和你们说，谁会知道这些故事呢？“马卫露出了轻松的表情，可是另外两个人却各有各的想法。

张怀达拿走梁校文手上的紫色果实，开始把玩，“一场火灾，一个悬案。这么说，你还算是个重要证人。”

“是又怎样，不是又怎样。”马卫看起来满不在乎，完全没有觉察到张怀达的情绪变化，“这件事情已经过去了这么多年，还有谁会关心呢？”

张怀达不置可否地笑了笑，“当然也没有人能证明，你说的是真话，还是假话。”

马卫对张怀达说的话一头雾水，梁校文明白了他的意思，“好了，一个尘封已久的故事。我们去森林那边看看吧，不至于等下和另一个小队集合的时候空手而归。”

意识重新跌入梦境，真实发生的故事被幻想出来的场景遮盖了本来的面目，人们又成为了受人指使的牵线木偶，正在一步步向着一个设定好的方向集体前行。什么是真？什么是假？在第三十二号空间里，它们的界限是模糊的。

梁校文对于这次的试验很满意，最起码，一切都在他的计划中进行。所有的被实验人员按部就班，剧情发展顺利。并且这一次，空间内的意识引导十分完善，丝毫没有出现第一次实验中匪夷所思的事物，纠纷和意识错乱。

至今他还是不明白第一次实验中出现的一些东西，究竟有什么样的意义。从事这份工作这么多年，模拟空间对于梁校文而言就是场景搭建，并在其中植入心理引导。可是第三十二号空间的第一次实验，给他的感觉却不是模拟空间那么简单，更像是某个人的真实梦境。

他看着眼前虚拟意识的马卫和张怀达开始思索。马卫在上个月被发现死于马德里的一间出租屋内，他是一个神秘的人，没有人知道他的行踪。房子的主人只知道他是一个司机，除此之外没有更多了解。梁校文赶到现场时，马卫已经死亡约五小时。梁校文将一根特殊材质的针状物扎进了马卫的头颅，用来采集他的生物信息。虽然会在表皮形成一个细小的伤口，但很难被查到是什么原因造成的。随后他将针状物存放妥当，回到实验室对采集到的样本进行复刻。不过，这样的行为风险很大，记忆碎片在短时间被拼凑，在目前掌握的技术条件下，虚拟大脑支撑不了太长时间，因此实验也需要尽快完成。

马卫是不完善的，他的信息完全来自于记忆库，因此不会产生新的东西。浓雾、汽笛，还有种种预示着内心深处恐惧的东西，会来自于他吗？

张怀达意识的参与，来自他的一本日记。如同他在第一次实验中说的，他为了寻找他的儿子晕倒在山上，醒来时在医院，这些都是根据他当年的口供拼凑而成。后来，张怀达就在医院彻底消失了，过去的二十年里，梁校文做了大量的调查，世界上没有关于他的任何记载。万幸当年警察在搜查的时候，在他的家里发现了一本日记。这本日记非常厚，事无巨细地记载了他人生中发生的每件大大小小的事情。这本日记后来自然成为了张怀达意识数据的重要来源。

梁校文将他的日记内容，包括记忆、生活环境、动作习惯、语言习惯等，重新提取出来，再不断更新当下的时代元素，模拟出了一个生活在当下的张怀达的意识芯片。用它来参与这场实验，降低了不少实验难度。

可是，即便是再更新的芯片，也不会生产新的东西。张怀达和马卫信息池的固定，意味着所有分析与结果的有迹可循。总而言之，梁校文希望通过这个实验，从原有的信息池和记忆库里发现更多遗漏点，但他清楚地知道，第一次实验中产生的很多内容，大大地超出了实验的范围。这是他目前无论如何也无法解释的。

“后来，那个蓝色外套的年轻人也没有出现吗？”张怀达突然冷不丁地毛了这么一句。梁校文看着他，心里感慨机器果然比人更是擅长破案以及发现细节。

“没有。”马卫摇摇头。如果我在楼内的时候，他从另一栋楼里出去，我也不会知道。”

“还有第二种可能。”张怀达继续接话。

“他当时就在屋内。”梁校文补充完。他的心里已经有了一些确切的答案，但是现在不能也不必说出来。王建军一定是在马卫敲门前就进了屋子，但是起火地点并不是王建军的第一案发现场。难道会有这么巧合的事情吗？在短短十几分钟里被人所害，身受重伤的王建军就这样进了周金凤的屋子？那么多家住户，为什么王建军偏偏走进了周金凤那儿？

正常人回到家，肯定会把大门关上。如果说王建军有机会进去，那么他进去的时候门肯定是开的。

那么答案只有一个，是凶手给王建军开的门。如果家里没人，凶手敞开大门，让王建军进来，紧接着周金凤又回来，那么周金凤看见王建军在家肯定很难办。这不合常理。所以第二个问题也得到了解答，那就是王建军进屋的时候，凶手已经解决了周金凤，周金凤很大概率已经死在了里面。而凶手打开门，是为了放火或者是别的什么原因。这个时候，倒霉的王建军走进了那里。他是否已经受伤也是未知。因此，虽然是两个人死在了一个屋子里，但实际上是两个案子的交叉，王建军只是受到了牵连。

梁校文对案情还原的完整度很满意，接下来他需要做的就是做好他的角色，演完这场戏。他站起来，整理了一下衣服，对两个人说，“好了先生们，悬疑故事讲得也差不多了，我们还是到森林里去走一走吧。”

他们两个点点头，站起来。三个人向着森林的更深处走去。

方一对于游戏得热情并不很高，作为一个资深的背包客，这样的森林探险游戏对于她而言简直是小儿科。要不是今天没有别的安排，她完全不会考虑参与一个这样的活动，尤其是和两个不认识的人。

她看了看身边的女人，愁眉苦脸，目光呆滞，一副没睡醒的样子，有些晦气。另一个高大的男人，满脸愚钝，不过看上去还算好说话一些。

“紫色果实，我们随处看看吧。”方一率先打开话匣子。

“喏，这里有一个。“男人弯腰从地上捡起了一个什么东西，递给方一，“也不太难找嘛。”

“哦？确实是。”方一接过果实，漫不经心地看了看，“免费晚餐应该是每个人都有，那么五百欧，三个人该怎么分呢？”

“让老板再加一百，我们三个平分。”

方一无所谓地点点头，问，“对了，怎么称呼你们？”

“我姓金。”

“叫我刘小姐就好了。”刘虹梅一脸苍白。

“金先生，刘小姐，好的。我叫方一，名字很好记。”

“这种果实，特别像我老家的一种水果，叫作茄蛋，长得很像小茄子，切开来又是甜甜的果肉。”

这种水果我老家好像也有。但是方一并没有说出来，只是问他，“听起来很有趣，你老家哪里？”

“我老家？哦。”金先生看上去有点后悔开始了这个话题，“余城。”

这个回答让另外两个女人有一些波澜，但是谁也没有继续讨论。三个人沉默地在森林里继续走着。

听到这两个字，方一仿佛感受到了一个很遥远的存在，这是和如今的生活相距很远的一段岁月，好像是一段前世的故事一样。提起余城，方一最先想到的是什么？是一片空白。

没错，余城好像的确扮演着一个故乡的角色，可是自己的人生是从另一个城市开始的。那是一段很鲜活，很快乐的经历，是人生很重要的一部分。她在那里求学，工作，定居。余城是什么？她什么也不记得，也从未想去看看，这一点她也觉得有些奇怪。

不对，自己是一个走过很多地方的背包客，为什么又会有这样的认知？方一摇摇头，感觉脑子里什么东西在互相打架。

“方一。”

她的脑海里突然出现一个声音。

方一看向四周，刘虹梅和金先生没有一点反应。“是谁？是谁在叫她？”

她突然又想起了那个莫名出现在她生活中的奇怪朋友，对方上次对她的最后一次叮嘱，要她小心。

方一心不在焉地走了一段路后，刘虹梅说：”我有点饿，听那个服务生说中午旅馆会供应三明治，不如我们先回去吧。”方一和金先生赞成这个提议，他们把上午拾好的紫色果实装进袋子里，拎回了旅馆。

到了旅馆外的草坪，另外一组已经在吃午餐了，见他们三人回来，梁校文连忙端出备好的吃的，“辛苦了，今天天气很好，很适合这样的活动。”

三个人没有作声，接过食物便吃了起来。梁校文见状判断出这一组并没有产生太多有用的信息，他看向方一，方一并没有理睬他。梁校文放下盘子，钻进屋内，将载有手环数据的芯片插入便携监视器，连接电脑激活监视系统，检查了一下方一和刘虹梅手环记载的情况，两个人各项指数正常，一切运行顺利。

看来她已经完全进入实验了，梁校文想。下午的内容一定会更精彩。

第二十二章 森林

三明治是简单的火腿奶酪夹心，几个人吃得津津有味。梁校文在一边清点两组果实的数量。

“很显然他们组胜出了，看来我们下午要好好加油。”他微笑地看着自己的另外两个队友。

“我先去森林里看看。”金先生狼吞虎咽地吃完三明治，一个人走向森林，“我对果实的样貌比较熟悉，找起来快一些。”方一和刘虹梅没有出声，显然是默认把这个任务交给他了。

“看来免费的晚餐和五百欧的奖金诱惑力很大啊，我们的朋友已经这么迫不及待地出发了。”梁校文望着金先生离去的背影。

方一和刘虹梅吃完手里的三明治，又坐下来喝了一杯果汁，也出发了。两个人沉默地走进了森林。现在是中午十二点，离比赛结束还有五个小时，下午的比赛时间比上午要长很多，意味着她们将抵达森林的更深处。

方一带上了随身的登山杖，准备在森林里好好走走。这里没有太多人走过的痕迹，或许正如那名叫梁校文的服务生所说，年末才会结出的果实，自然一年只有一次被带走的机会。方一从口袋里找了几根丝带，系在了身旁的树枝上。

“你在干什么？”

“虽然说比赛是寻找紫色果子，可是你不觉得难度更大的是在太阳落山前回到旅馆吗？”

“这么说来，好像有些道理。”刘虹梅紧张起来，“要不我们退赛，现在就回去吧？”

“怕什么，金先生还在前面等我们呢。”方一对刘虹梅的反应不以为然，“更何况有我系的丝带，只要有它们，不用担心走不出这里。”说完她踢开脚边的树枝，大步前进。

刘虹梅跟在她身后，看着方一的背影，隐隐觉得有些不安，但又说不出是哪里不安。她有了一些打退堂鼓的念头。可是望望身后，两人已经走了不少路，如果现在独自回去的话，一旦走了岔路，自己就会在这片森林里迷路。这么一想，她赶紧跟上了方一的步伐。刘虹梅死死地盯了一眼刚才方一系在树上的红丝带，仿佛要把它的样子刻在脑子里。

“刘虹梅，跟上。”方一面无表情地说。

“什么？”刘虹梅有些惊讶为何她会知道自己的名字，“你从哪里知道了我的名字，难道是刚才那个服务生告诉你的吗？”

“不，他没有说，但我就是知道。”方一指了指前面的那棵树，“你，去把这根丝带系在上面。”

刘虹梅不解地看着她，不明白为什么她可以这样命令自己，心里有一些犹豫。

“拿着它，去。”方一再次命令。

“好。”刘虹梅疑惑地接过丝带，按照她说的系了上去。可是方一压根没有等她的意思，径直向前走，“唉，你，等等我。”刘虹梅匆匆忙忙系好，赶紧跟着。方一好像没有听见她说的话一样，自顾自地向前走。

二人就这样一言不发地在森林里走了很久，每一次需要系丝带的时候，方一都命令刘虹梅去做了。大概快要到下午三点的时候，他们终于看见了一个熟悉的人影。

“金先生！”刘虹梅赶忙大喊，她终于可以离开身边这个令她不安的女人了。金先生没有听见她的叫喊，刘虹梅赶忙又大喊了一句，“金先生！”

“啪”，一个巴掌打了过来。刘虹梅有点被打蒙了，她呆呆地看方一，忘记了脸上火辣辣的疼。

“不要乱喊，吵死了！”方一恶狠狠地瞪了她一眼，“闭嘴！”

刘虹梅这才明白，现在真正让人害怕的并不是这片森林，而是这个女人。今天早上第一次在旅馆见面的时候，刘虹梅还觉得这个女人很和蔼，对她的第一印象还算可以。甚至是上午，她还觉得是个正常人，可是到了下午，为什么会变得面目狰狞？

没错，所有都是从方一系上第一根丝带开始，从那时开始，刘虹梅就能清楚地感觉她身上的一些东西产生了变化。刚才的那一巴掌更是在提醒着她，她的同伴已经变成了另外一个人。

“果实找的怎么样？”方一走到金先生身边，检查了一下他脚边的行囊，“嗯，挺多了，我觉得我们今天晚上的晚餐和奖金都有了着落。你说呢？”她转过头看着刘虹梅，扯了扯嘴角。

没有道歉，没有说明，一切都是那么的自然。刘虹梅惊恐地看着她，没有一点表情。方一完全没有在意她的表现，把头重新转了回来。一旁的金先生并没有注意到两人的异常，依然沉浸在这场活动里，“离比赛结束还有一段时间，另外那组肯定还在寻找果实吧。一天两百欧，折算成人民币不少了，还有一顿晚餐，怎么说都很划算。”

“有道理。”方一抬抬眼皮，“接下来，我们去那片湖附近找找。”说完，她又自己走了。金先生收拾好行囊，准备跟上去，却发现被谁拽住了衣角。他一低头，发现时刘虹梅，“怎么了？”他不解地问道。

“那个女人，有问题，我们小心一点。”刘虹梅战战兢兢地说。

“你说她？不会吧，我觉得她这个人还蛮友善的样子。”金先生随口回应了准备走，又被刘虹梅拽住，“她真的很奇怪，小心一点。”这一次，她很认真地看着金先生。

金先生似乎感觉她话里有话，还没等他问个清楚，远处方一已经在叫喊了：“喂！你们两个，怎么还不过来？”

“来了，来了。”金先生赶紧拉着刘洪梅一起走。刘虹梅担心地看着金先生，金先生点点头，表示明白她的意思。

“我就说，这里会有很多果实。”方一看着满地的紫色圆球，淡淡地说。金先生连忙弯下腰去捡，一把接着一把。刘虹梅犹豫地站在一边，一侧头，就看见方一眼神里的寒光。她害怕极了，也蹲下来和金先生一起捡果实。刘虹梅并没有参与二人的行动，一个人开始在附近转悠，很快消失在了两个人的视线范围内。刘虹梅赶紧四下看看，确定方一不在附近后，她才开始对金先生说：“这个女人，真的很可怕。”

“到底发生什么了？”金先生奇怪地问。

“我和你说，刚才在树林里，她打了我一巴掌。”

“什么？”金先生停下来，脸上带着震惊，“无缘无故地，大家都是来这里的游客，她凭什么打你？难道是你做了什么得罪她的事情吗？”

“没有，是她嫌我吵。”刘虹梅现在还觉得自己的左脸火辣辣地疼，“我不过看见你，多叫了你几声，你没有听见罢了，不知道为什么，她会有这样的举动。”

“那确实很奇怪啊，上午我们一起行动，她怕我们不熟悉彼此会尴尬，还一直在找话题，我还觉得这是个善解人意的女人。怎么到了下午，她会做出这样得罪人的举动呢？这也太不可思议了。”

“确实很不可思议，不论怎么说，一定要小心这个女人。”

方一独自在森林里走着，偶尔停下来环顾四周，好像在寻找什么东西。一枚紫色的果实从树上跌落下来，砸在她脚边，她烦躁地一脚踢开了。终于走了很久很久，森林逐渐茂密起来，越来越茂密，方一看了看身后，确定没有其他人之后，放心地走了过去。

天很快黑了，已经超过了五点，按照规则，比赛已经结束了。刘虹梅和金先生把果实背回了旅馆，旅馆外的灯带已经亮起，草坪上是一派温馨的样子。

“比赛结束了，感谢大家的参与。”梁校文笑着宣布，“都是因为大家一起努力，我们才有了这么多的幸运果实。旅馆将为大家免费提供晚餐。至于奖金，也当然是属于获胜的一组。”金先生迫不及待地接过信封，里面五张面额一百的欧元，高兴坏了，他赶紧说：“另外一个女人并没有和我们一同参与进来，这五百欧是不是应该我们两个人分呢？”

“哦？还有一个人没有回来？”大家这才发现原本出发的六个人，现在只有五个人坐在桌前。

“我捡的果实多，我出的力也多，所以这五百欧应该是我三百，你两百，这你没有意见吧？”金先生并不关心方一还没有回来，自顾自地和刘虹梅算起了账，“请你谅解，这是五张整钞，没有办法撕成两半。”

刘虹梅气恼地一把拿过他手上的两百欧，看了一眼他的大块头又生生把气给咽了下去。金先生对着手里的钱喜笑颜开。

“方一小姐还没回来吗？”梁校文再次确认，他连忙脱下围裙，打算去找。这时，方一从森林里走了出来，走向了餐桌。梁校文连忙陪笑："方一小姐，既然回来了，就和大家坐下来，一块享受晚餐吧。"

"不必了。"方一说，"我需要回房休息。"她没有任何表情，也没有和在场的任何人对视，自己进了屋。大家都沉默不语，梁校文连忙说："没关系，各位先吃，我从厨房拿一些食物单独送到她房间去。那么请大家尽情享用。"

梁校文进了屋，只听见方一的房门"砰"地一声关上了。

不对，哪里不太对。明明是三人一起出去，现在却是独自回来。天已经黑了很长时间了，她一个人在森林里会做什么呢？虽然说这里是模拟空间，可也是百分百模拟真实场景的。按照方一先前在一号空间的表现，独自在夜晚的森林里呆这么久应该感到害怕。即便自己给她在第二次实验中的设定是一个背包客，可是除了登山杖，她也没有带任何粮食和防身工具。为什么不害怕？梁校文隐隐地感觉，这和他一开始接触的那个方一不太一样，好像完全变了一个人，这到底是怎么回事？思来想去，梁校文端着从厨房拿来的餐食，敲响了方一的房门。

第二十三章 登场

当风经过这里的时候，一定会发现不寻常。如同第一只夜间的鸟儿奔向月亮的时候，深蓝色的天空渐渐泛出的紫色，让它迫不及待地想要离开。

梁校文踏进房门的第一刻，就意识到了变化。方一还是方一的模样，可是这种感觉很奇妙，她又好像不再是方一了，变成了另外一个人，一个很陌生的人。

“你来了。”方一说，梁校文进屋的时候，她站在窗前，背对着他，现在，她慢慢把身体转了过来。

果然。梁校文倒吸一口凉气，眼前的这个人根本不是方一。这是怎么回事呢？难道是实验出了故障，有别人的意识偷混进来了？又或者，是仪器在接收手环信号的时候出现了误差？

梁校文从口袋里悄悄掏出了检测仪，小小的检测仪上一片绿灯，告诉他实验运转正常。他彻底陷入了迷茫，眼前的这个人，究竟是谁？

“您好，方小姐，见您刚才没有吃晚餐，我特意为您端来了一些吃的，请您慢用。”显然，梁校文还没有准备应对措施，他想要迫不及待地离开，回到实验室一探究竟。

“还在装什么？”方一目不转睛地盯着他，“你把我们都带到这里来，不就是想要让我们看见吗？”方一说完，从口袋里掏出了一根绳子。看见那根绳子，梁校文终于明白她为什么会独自在森林里呆了那么长时间。

“你把我们都召集到这里来，就是想让我们看见那个女人，不是吗？我发现她的时候，她被吊在树上，浑身被烧得焦黑。难道你想说，是我们这些游客中的谁把她吊在那里的吗？”

方一口中提到的女人，是 416 案中的周金凤。虽然虚拟场景的搭建和设定比上一次更加完善，实验内容还是换汤不换药，在虚拟实验中通过和案件直接相关的证物和情节，来触发被实验人员深层次的信息和反应。所以这具尸体，其实是梁校文故意设置在森林里，等待被实验人员发现它。

“方小姐，我听不明白你在说什么。”

“卑鄙，阴谋被我识破了，还在跟我虚伪。”方一冷笑一声。

梁校文已经完全不认识眼前的女人了。敏锐的洞察力，咄咄逼人，目光凶狠。她不是方一。

“你把她弄到哪里去了？”梁校文冷静地问。

“谁？方一？不是站在你面前吗？”方一轻佻地说。

“如果我没记错，我们之前交过一次手。”梁校文扯下领带，活动了一下颈椎。

医院里，神志不清的刘虹梅服下方一喂给她的红色药丸，很快又睡着了。梁校文对方一说，“准备一下，我现在带你回来。”

可是，他并没有得到方一的回应。

“方一？你听的见我的声音吗？”

“嘀嘀嘀，嘀嘀嘀。”

实验室里响起了警报声，红色的警报在黑暗的房间里异常晃眼。梁校文赶忙打开了手环的监视器，他从未用过这个功能。镜头一开，荧幕上显示出令人恐惧的画面，方一正恶狠狠地掐着刘虹梅的脖子，面露凶光。梁校文赶紧切换到刘虹梅的手环信息，她的生命体征正在减弱。

“方一！方一！你能听见我说话吗！方一！”梁校文焦急地用实验室的大喇叭喊着，可是荧幕上，方一完全听不见梁校文的喊叫，好像一心想把刘虹梅掐死。

哪里出现了问题？梁校文又切换到方一的手环信息，他愣住了。从各项数据上看，这和一开始手环读取到的完全不是一个人。梁校文在第一时间用仪器紧急分析了这个人的各项特点，从心理、行为、表现等各方面来看，这个人都具有强烈的反社会人格特征。

怎么办？刘虹梅已经渐渐不行了。梁校文看向了仪器上的紧急按钮。他唯一的选择就是在违反被实验人员意愿的情况下，将她的意识强行召回。可是这样做风险极大。如果实验人员的操作与被实验人员的意识完全相背，强行进行意识召回将极大可能损害到被实验人员的心智。也就是说，如果梁校文现在把方一的意识紧急召回，等到方一再次醒来的时候，有极大的概率不是一个正常人。

没有办法，只能赌一次。梁校文擦了擦头上的汗，颤颤地按下了紧急按钮。随着一声刺耳的警笛，荧幕上的画面瞬间消失。

“上一次，也是你，对不对？”梁校文冷静地看着眼前的人。

眼前的方一冷笑一声，说：“好久没有出来活动了，拜你所赐，我又重新到这个世上来看看。”

“你想做什么？”

“我？我想看看，到底是哪个不怕死的还在调查这件案子。有意义吗？我问你，有意义吗！“方一抓住梁校文的肩膀，力道出奇的大。

“你不是方一，告诉我，你把她带到哪里去了？”

“她？方一？”方一的表情变得十分忧伤，“一个可怜虫而已，有什么必要在乎她？”

“告诉我。”

“够了！”方一烦躁地大喊一声，“别烦我！我现在不想看见你！”她用力推开梁校文，又被他一把抓住拽了回来。

“你把方一带到哪里去了？”梁校文一遍遍地质问。

“啊！”方一完全听不进去他的话，“为什么要问我？为什么要一遍遍地查这件案子？是你逼我的！”方一突然冲向了梁校文，将一个东西狠狠地刺进了梁校文的身体，梁校文依旧平静地看着他。

那是一把刀，插进他胸口的时候，冲力很大，梁校文不由得后退了几步。可是没有血从被刺入的地方溢出，一滴都没有。

眼前的景象慢慢消失，桌上的食物，窗外的月色和森林，小镇上的旅馆和客人们。一切变成了白色，无边无际的白色，没有太阳，没有月亮，没有四季，什么都没有，一片白色里只有梁校文和方一两个人。方一将刀猛地抽出，梁校文的身体自动愈合。

两个人静默在一片白色里。

“怎么回事？为什么会这样？”方一惊恐地看着眼前的景象，完全无法相信。

梁校文看了看四周，说：“在虚拟空间里，一旦有人死亡，实验就会提前结束。但是我相信，这里不是空间结束后的缓冲地带。”他深邃的目光看向方一，“这里是你的意识世界。”

方一慢慢松手，那把刀随之而落，幻化成了粉末。

“她也曾经误入这里。我记得她从医院回到实验室后，告诉我她最后呆在一个白色的地方，听她的描述，我断定那不是实验的一部分。”梁校文看着眼前的人，“是你，她不小心来到了你的地盘。”

方一，不，神秘人大笑起来，“没错，我一直呆在这里，是她把我囚禁在这里，也可以说是我自愿。”神秘人痛苦地捂住了脸，“我在这里已经安稳地过了很长时间，我觉得我已经快要死了，是她又重新召唤我出来。”

“召唤？”梁校文开始不解。

神秘人看向他身后，梁校文顺着她的目光回头，看见一大团白雾在冒着气，梁校文只觉得眼前的这个东西有点熟悉。

白色的雾，第三十二号商务车误入了一片白色的雾中，它缓慢地将所有物体都包裹进了它的白色里。没错，他记得。

“准确地说，是我察觉到了不对劲。你第一次用王建军吓唬我，第二次可没有这么简单。我找到了你藏在森林里的第二具尸体。我，一点都不惊讶。”神秘人的脸上突然露出高兴的笑容，好像握到了什么把柄。

“你就是凶手吧！梁校文先生，你为什么总可以接触到尸体？那些笨蛋在车里吵翻了天，但我老早就知道了，是你杀死了这两个人，但你为什么总想嫁祸给别人呢？”神秘人说完开心地大笑，“我找到了凶手了，是你！就是你！”

“你说的没错，你先后看见的王建军和周金凤的确是我有意为之。”

“本来我今天可以在那些笨蛋面前揭开你的真实面目，可你现在告诉我，他们是虚拟的。你什么意思？什么意思？”神秘人歇斯底里地朝梁校文大吼。

“我很好奇，她居然没有告诉你这是个实验。”

“实验？实验？怎么会是实验呢！她这个蠢货为什么不告诉

我！”神秘人发了疯地叫起来。

第三十二号虚拟空间终于发挥了它最大的作用，虽然他眼前的这个人精神已经不太正常，但他心里非常满意。

这就是他费尽心思一直要找的人。

起初，随着案件的进一步深入，线索近乎全断，他曾一度怀疑是否还存在别的嫌疑人。可是直觉又再一次提醒他，应该把目光放在最后两个人身上。

“其实我观察你很长一段时间了。”梁校文将手插进两侧口袋，呈现出一种放松的状态，“没错，我就是很想搞清楚案件的真相。周金凤的情夫，金先生的死亡是我着手调查的原因，从他身上，我了解到 416 悬案，金先生是案子的嫌疑人之一。这几年，与 416 案相关的嫌疑人接二连三地死去，唯独剩下金先生一人。这么多年过去，金先生又意外暴毙了……”

神秘人不屑地问：“什么 416？我根本听不懂你在说什么。”

梁校文没有理睬她，继续说：“死人没有办法作案，我的目光很快锁定到最后活着的两个嫌疑人身上，你，和刘虹梅。其实你根本就不叫方一，你的真实姓名是，张小旗。”

第二十四章 分裂

“刘队，今早突然接到报案，说在大雁山上发现了一具尸体。”

乌云密布的清晨，余城被一声刺耳的警笛声划破，几辆警车迅速赶到大雁山，喧嚣声包围了这里。一个高大的男子，穿着黑色外套，黑长裤，一双破皮鞋，像一只被抽干的乌鸦，静静地挂在树上。

死者金贸，男，58 岁，余城人。

确认了死者身份后，李队的心情很复杂，他大声指挥在场的其他人：“快快快，快封锁现场。”

“队长，外面有一个姓梁的先生说找您。”一个下属突然来报。

李队点点头，拉开封锁条走了出去。“梁先生，这次不得不来麻烦你。这起案件非常棘手。”

梁校文打了个哈欠，探头看了眼案发现场，“被吊死在大雁山，埋起来倒是方便。”

“唉，都这个时候，你就别开玩笑了。”李队闷闷地说，“最后一个人还是死了。”

“最后一个？什么最后一个？”梁校文很好奇他指的是什么。“难道说，这个男人的死因还与别人有关？”

“这起案子说来话长。梁先生，我知道你很有本事，但是你来余城没多久，对这里的一些情况不太了解。这个男人姓金，叫金贸，生前四处打杂，基本上是个游民，可是他却是我们侦破 416 案件的关键人物。”

“416 案件？”这个案子的名字听起来就很多故事，一下吸引了梁校文的兴趣。

“李队！李队！”有人在后面大声叫着，李队一回头，看见好几个人在现场对他招手让他过去。他赶紧对梁校文说：

“416 案件的相关内容，回头我会让档案室的人调给你。拜托了。”李队很郑重地拍了拍梁校文的肩膀，又拉开封锁条跑进去了。

梁校文的好奇心被大大勾起，他拿到档案室给他的资料后，仔仔细细地研究了一番，一场大火引发的延伸了数十年的惨案，自周金凤，王建军二人在 99 年被烧死后，和他们相关联的人物也一个接一个地在随后几年被杀害，无数个名字和人脸浮现在脑海里。实际上，李队说的情况并不是十分准确，金贸不是最后一个，而是三个人。周金凤的情夫金贸，王建军的遗孀刘虹梅，以及周金凤的儿子张小旗。如今金贸也死了，刘虹梅得了老年痴呆被关在养老院里，张小旗自 99 年后彻底失踪。

整理好案件详情后，梁校文迅速前往警局和李队碰面，“加上大火中的两人，这几年相继被杀的有隔壁邻居的两个老人，金贸的孩子，现在金贸死了，应该还有张怀达，刘虹梅和张小旗三个人 .”

李队无奈地拿出了刘虹梅的报告单：“小脑萎缩，老年痴呆，你觉得这样一个人会有能力作案吗？至于张小旗，我只听说过，99 年后没有人见过这个人。原本金贸是我们的重点怀疑对象，偏偏现在又死了。”

“那张怀达呢？”

“99 年那场大火后，他住进了医院，后来也被发现死在医院里。但是当时警察的做法是敲山震虎，将寻找张怀达的讯息放了出去，想要引诱凶手出现。可惜一点用也没有，什么也没发生。所以张怀达对外宣称是失踪人口，实际上早就死了。”

听到这里，梁校文皱了皱眉头，问：“金贸的案子，现在调查结果怎么样？大雁山是第一案发现场吗？”

李队点点头，“是的，大雁山是第一案发现场。死亡时间是凌晨三到五点左右，我们在凌晨五点接到的报案电话。”

“报案人现在何处？”

李队摇摇头，“是城郊的公用电话，那附近荒无人烟，根本没有安装摄像头。”

梁校文只觉得十分头疼，当初就应该拒绝被老板派到余城来，本来可以专心分析案情，现在却要被一些很基础的问题难倒。

“什么人可以凌晨指示金贸前往大雁山，至少两个小时以内把他解决掉。金贸的身形很高大，干趴他可不容易，难道是一个比他更加强壮的人吗？凌晨五点报案后，我认为他完全可以乘坐最早的火车前往任何一个地方。”

李队回答：“也可以考虑作案和报案并非同一人的情况发生。两个小时存在很多可能性。如果存在多人作案，那案件就变得很复杂了。大雁山作为案发第一现场，一个人打电话，一个人杀人，一个人报案，最多三个人，最少一个人。我个人更倾向于一个人，最多两个人。”

“不如把头绪放在金贸生前接触的人上面，最好可以查到当年余城火车站的凌晨班次。金贸生前的人际关系十分简单，我们进行了排查，并没找到符合你说的这个特征的人。还有你提到凶手坐火车，你的意思是，凶手不是本地人？”

“余城这么小，留在这里的风险非常大。即便凶手是余城人，我也怀疑凶手大概率已经离开了余城。”

如果凶手的目的是将当年与 416 案有牵连的人全部赶尽杀绝，

那么最后他最后的目标会是……，梁校文想到这里，赶紧说"李队，我提议现在应当对刘虹梅实施重点看护。"

"不用你说，我们一直是这样做的。她自从进了养老院我们的人就一直在盯。"

梁校文放心地点点头，"既然这样，那我去拜访一下。"

这一日万里无云，梁校文来到了刘虹梅所在的的养老院。这所养老院很普通，他环顾四周，很快找到了两个无所事事的人在东张西望。梁校文摇摇头，李队就是这样派人来执行任务的吗？太显眼了。他找到了刘虹梅所在的房间，却发现，有一个女孩比他先到了那里。

他抓住身边一个护工问这人是谁。护工告诉他，女孩是刘虹梅的养女，经常来探望她。

那是他第一次见到方一。

养女，没那么简单吧。梁校文回家后，将方一这个名字写在了名单上。李队真是个粗心的人，难怪破不了案。这个女孩究竟有什么特别之处，他也说不上来，不过他就是觉得此人非同寻常。梁校文借用李队调出了关于方一的全部资料，一个在邻城工作的设计师，主要从事室内设计。李队说，这个女孩刘虹梅一直在资助，后来女孩毕业工作，她才开始来养老院探望。

在养老院见了一面之后他再也没有见过方一。他查到方一买了几天后出国的机票，梁校文当即也购买了那日的机票。第一次实验才正式秘密地启动。

一切都是从晕机开始。

不知道为什么，他迫切地想要方一尽早进入空间中，虽然第一次实验手环都没来得及给她戴上。现在看来，很正确。因为没有人知道什么时候是方一，什么时候是张小旗，如果恰巧遇上张小旗，那么事情就会变得很困难。实验室内定时装置会准时在飞机落地时启动，梁校文有很长的准备时间。首先，他派人在方一飞机上的餐食里加入了适量安眠药，方一很快睡着。毫无防备时，梁校文将红色药丸给她服下，同时自己服下药丸。飞机抵达时间正是虚拟空间的启动时间，早已准备好的工作人员上机将两人抬下飞机。所以方一醒来的时候就躺在酒店的床上，她会以为一切都是个梦。

“这个礼物，本来在第一次实验里就想送给你，可惜没找到机会。”梁校文朝着她的手环努努嘴，“你的戒备心很强。”

第三十二号商务车里，梁校文侧身想要给方一系安全带，伺机给她套上手环，谁知道他一靠近，方一一下就变得警惕起来，梁校文只好作罢，在实验结束后再找机会给她戴上。

“一开始我并不确定她在案件中的位置，她看似与所有事情都没有关系，证明你藏得很好。还记得方一在养老院看见的刘虹梅吗？难道那时你没有怀疑过，为什么会在结束后突然掉进白色空间里？实际上，那个养老院也是一个虚拟空间，我是故意想要试探方一，想看看这些信息会不会刺激到她什么，才安排她去的。她表现得像是第一次知道这些，令我有些放松警惕，但我万万没想到还有你的存在。

“你究竟是怎么查到方一身上的？”

“一个在另一个城市看似没有关系的人，却要定期坐火车往返余城，这样的行为坚持了很多年，陌生的地方一定很令你没有安全感吧？茫茫人海，我们也是查了很久才确定范围。有意思的是，这个人是从余城转学过去的。”

“无耻小人。”对方扑上来迅速抓住他的手。梁校文马上意识到这是个危险的举动，如果对方继续拖延下去，他很可能昏迷在张小旗的意识世界里难以苏醒，永远被困。

这时，梁校文注意到远处的白雾逐渐浓密起来，他意识到时间不多了，应该尽快离开这里。梁校文开始转移对方的注意力：“回到金贸的案子。一个被吊死的无业游民，没有亲人，每月拿着政府的低保。这样一个人死去没有在余城掀起什么波澜。所以案发后你报了警，又大胆地探望了刘虹梅，而实际上，方一并不是她的养女，她的养女是你，张小旗。但我不明白的是，张怀达口口声声地说他在找他的儿子，为什么到头来你却是个女的，我搞不明白。”

对方突然愣住，双眼空空。梁校文找到时机，一把甩开她的手，迅速掏出口袋里的监测仪，按下了紧急结束按钮。

醒来后他坐在实验室的椅子上，在黑暗里大口喘气。幸好他在监测仪上留了一手，梁校文欣慰地看着自己手上紧紧握着的监测仪。没想到张小旗的意识能力如此强大，不仅看透了空间的虚实，还近乎摧毁掉整个空间。第二次实验远比他预估的结束时间要早。

没错，他终于找到了一直深深困扰着他的问题。他认识的方一，身体里有两个人格，一个叫方一，一个叫张小旗，而这个张小旗，就是这一系列案件的幕后黑手。

可是，依旧有两个问题令他觉得很奇怪。第一，也就是他刚才问张小旗的问题，即便张小旗的性格很像男生，那她也是女的，为什么张怀达的日记说自己有个儿子？这个一定是案件的关键，所以听到这个问题张小旗才一下呆住了，给了他喘息的时间。第二，如果张小旗是第一人格，为什么长期暴露在外的却是第二人格方一？

第二十五章 再次

实验室内，梁校文久久不能平息，沉浸在劫后余生之中。很快他又陷入了新的烦恼，如果凶手是张小旗，人格分裂也就是精神病人在发病期间作案，是不需要承担法律责任的。突然，实验室的警报再次高声响起。梁校文慌忙看向仪器，上面显示方一的生命体征正在迅速减弱。梁校文大惊失色，他打开方一手环上的监视功能，发现方一自己掐住了自己的脖子。

“怎么会这样？”梁校文惊呆了。难道是刚才自己的一番行为激怒了张小旗。梁校文意识到，她正在经历体内两个人格的斗争。

现在该怎么办，这样一定意味着两个之间只能留下一个，如果没有专业的手段，生拆容易造成十分严重的解离后遗症。而且，副人格方一相对温和，但主人格张小旗具有反社会特质，在短时间内以人格融合为目的难度很大。梁校文的私心偏向了方一，可是现在应该怎么帮助方一在这个过程中存活下来？这是一件非常危险的事。梁校文左思右想，决定再次启用第三十二号虚拟空间，也强迫方一和张小旗进入。目前来看，这是唯一可行的办法。

他给自己套上手环，随身带好监测仪，下定决心后再次按下了启动按钮。紧接着在座椅上迅速睡着了。

等再次睁眼，梁校文发现自己置身在一个白色空间里，头顶有一些密密麻麻的黑色线条。他打开监测仪看了一眼，实验一切运行正常，被实验人员全部进入虚拟空间。他终于放心下来，确定自己在虚拟空间里，而不是张小旗的意识世界。

接下来的任务是要在这里找到方一和张小旗。由于第三次启动空间之前没有进行任何设定，梁校文根本掌握不了二人的行踪和意识，也不知道他们两个人到底会出现在哪里。他开始拼命地奔跑，跑了很久很久，一个人影也没看到。

他又跑了很久很久，注意到远处的地上有什么东西。梁校文赶紧跑过去，原来是两个人躺在地上。

两个一模一样的人，一个应该是方一，一个应该是张小旗。

这样的场景不免得让他想起了西游记里的真假孙悟空，和西游记不一样的是，这两个人的性格反差巨大，只要她们其中一个醒来并开口，他就可以知道谁是真孙悟空，谁是假孙悟空。

可是两个人并没有立马醒过来，在地上躺了很久很久。梁校文觉得很奇怪，他只好蹲下来查看她们的情况，拿出手里的监测仪查看她们的生命体征。就在这个时候，其中一个突然醒了过来，一把夺过梁校文手上的便携监测仪，狠狠地摔在地上。梁校文惊慌失措地去捡，发现便携监测仪已经被摔成了两半，停止了工作。

“你！”愤怒涌上心头，梁校文为了报复他，狠狠地打了他一巴掌。监测仪的损坏对于梁校文是致命打击，这意味着他失去了随时停止实验的主动权。可是作为实验人员，在这个没有设定时长，没有设定开始时间和结束时间的虚拟空间，如果他不来停止实验，又有谁会来停止实验呢？

“怎么样？你不是很厉害吗？你不是发现我了吗？你不是很会骗人吗？这下你就永远和我呆在这里吧。”张小旗嘲讽地说。

“可是你知不知道，如果方一也永远呆在这里，不吃不喝，你离死的那天也不远了。”梁校文回头看了一眼另一个躺在地上的人。方一闭着眼睛，陷入了永远的沉睡。他意识到，就好像人格切换后，轮流使用身体一样。张小旗人格在试图杀死方一人格的过程种进入虚拟空间，让他们两个都可以存在，但是苏醒的只会是一个人。梁校文略微放下心来，如果方一依旧出现在这里，意味着她还没有被消灭，也就是没有被张小旗杀死。

“该死的人都已经死了。”张小旗满意地说，“现在只要杀了方一，我就是最后的赢家。”

“金贸虽然死了，可是刘虹梅还活着，你忘记了吗？”

“刘虹梅，呵。”张小旗冷笑一声，“不用我动手，她也迟早玩完。我每次去看她，都在她的食物里添加了慢性毒药，她现在已经病入膏肓，毙命是迟早的事。”

“什么？”梁校文大惊失色，他想要立即告诉李队去检查刘虹梅的情况，却发现无计可施，“刘虹梅明明资助的是方一，去探望的也是她，你怎么下药？刘虹梅会相信你吗？”

张小旗想看傻子一样地说，“下在食物里，再让方一去送不就得了，这需要我亲自出面吗？”

梁校文难以置信地摇摇头，觉得面前这个人已经无药可救了，“这么说来，你已经承认你所犯下的罪行了，那些人都是你杀的，对不对？”

“承认又怎样，不承认又怎样？”张小旗一脸无所谓的样子，像是一把火点燃了梁校文，他冲上去狠狠地踹了一脚张小旗，“畜生，你有什么资格？”

“因为我恨他们！所有人！都得死！”张小旗一手指着地上那个和她长得一模一样的女孩说，“他们是该死。而她，是我一手造出来的，如果我现在杀了她，也是理所应当，不是吗？”

梁校文留心着对方的一举一动。他要保护好方一，时刻防止张小旗伤害她。

张小旗一直都是那个张小旗，他什么时候不是张小旗了？当他发现需要另一个人来帮她打理现实世界，而她又有更重要的事需要完成的时候，方一诞生了。

张小旗搬到了邻城，在暗处搜集余城的信息。张小旗永远失踪了，永远地消失在了世界上，他要去完成他的伟大复仇计划。要将所有带给他伤害的人移除出这个世界，这个计划里面本来没有方一，可是不知道从什么时候开始，名单最后还是多了这个名字。

“没有我，哪里会有她呢？她就是我，但我不是她。她只是我的一个傀儡而已。杀死她，是我整个计划的最后一步。我不关心最后我是不是还活着，我只要做完我应该做完的事情。但是我不明白，为什么你们喜欢她？一个白痴。她现在占据了我的身体，她该死！”

第二十六章 失忆者 张小旗

张小旗的出生是一个错误。

好像电脑卡机时需要清理的垃圾文件，需要毫无保留地被删除，但是她还是阴差阳错地活了下来。因为一个叫周金凤的女人流产了，她也不知道怎么回事，总之流产了，所以她理所当然地需要一个新的孩子。

“抱一个走吧。”医院的人指了指一个纸箱子对她说，里面是弃婴，“反正过几天也要送走的。”

“好。”周金凤说。

她觉得有些事情得说的过去。譬如她结婚就应该跟张怀达生个孩子，譬如她怀了这么久流产不吉利。总之，她有一些理所当然的理由，不需要经过思考。

对方问：“要男孩还是女孩？”

周金凤想了想说：“要女孩。”因为她知道张怀达不喜欢女孩。她也不喜欢张怀达，大家都别好过。对方递给她一张纸条，上面潦草地写着一些女孩的出生信息，她跟医院说，自己过段时间再来。

张怀达经常不在家，周金凤也不在意这个穷酸的男人。真不知道她父母当年怎么想的，为什么一定要她嫁给张怀达。其实她心里一直有别人，这个人叫金贸，比张怀达有钱，出手也大方。不过要说周金凤有多喜欢金贸，也没多喜欢。她是个麻木的人。

她花着金贸的钱独自在家躺着，装怀孕。时候差不多了，她让金贸送她去了一趟医院，后来张怀达也去了医院。都准备好了，所以张怀达刚到就见到了张小旗。

挺好，周金凤对金贸说，反正自己也不想和张怀达有孩子。

张怀达看着这个小孩问：“男孩女孩？”

周金凤让金贸提前走了，回答他：“女孩。”张怀达反手就给了周金凤一巴掌。周金凤已经做好准备了，她知道他重男轻女，不喜欢女孩，所以她特地要了个女孩就是为了让他不高兴。

可是再不喜欢也需要有个名字。“张小旗。”张怀达说，他一下就想到了国旗。

从此，张小旗成为了张小旗。

张小旗是个很乖的小孩，从小就乖，外面的人都夸这小孩乖。只有张小旗自己知道，如果她不听周金凤的话，她就要挨打。幸运的是，她是个聪明的小孩，总是能找到对付周金凤的法子，所以随着她慢慢长大，挨的打也少了。

张怀达很少回家，但是张小旗注意到，每次张怀达回家，周金凤的脾气就会变得很差，因为她需要平衡金贸的情绪。所以，张怀达回家，周金凤就要挨金贸的打，但是周金凤又不能打张怀达，所以她就会把气撒到张小旗身上。

周金凤打人不会惊天动地，她会偷偷拧她，嫌她是个多余的货。不让她发出一点声音，街坊邻里自然不会知道。

但张小旗知道，她记住了。

张怀达看张小旗也不顺眼，他的方式不是打，是压根不承认她的存在。张怀达找了一张别人家男孩子的照片，放在自己的钱包里，逢人就和别人说，这是自己家的孩子，可笑，真是太可笑了。在张小旗的记忆里，对于张怀达的认知就是冷漠，有时候甚至是痛苦的来源，因为周金凤的辱骂和殴打。

有一个人对她不一样，如果没有她，自己可能活不到这么大。这个人是周金凤的姐姐，姨妈是个好人。张小旗很感激，在很多次吃了上顿没下顿，在很多次被周金凤从家里赶出去的时候，都是姨妈救济她，让她可以活下去。

如果可以，她想成为姨妈的孩子，直到有一天放学回家，几个邻居拉着她唠嗑。

“你爹妈一天天的搞什么啊，乌烟瘴气。”

“听说你妈在外面乱搞的男人贩毒，你还敢放他进家门吗？”

“你姨妈人好，你要好好对她。”

张小旗点点头。

“如果不是你姨妈，你爸妈哪里能在一起，你爸还是你姨妈介绍的。不过说来还不是因为她自己生不出小孩，这下有了你，虽然是个女孩但也有个交代。”

接着继续叽叽喳喳地说个没完，但是张小旗一个字都没听见。原来是这样，原来是她。张小旗一下就找到了她痛苦的源泉，同时在心里埋下了对这些邻居仇恨的种子，因为是他们先对她下手的。

第一个目标出现了，张小旗很聪明，可能她是天生的杀手，张小旗发现做这件事她如鱼得水。在学校里她不是最厉害的，但是杀人，她却可以干得滴水不漏。

姨妈死了。死的那一刻，她一点也不悲伤。张小旗想把情绪都留在葬礼那一刻，把戏做足，然后放在心里成为最大的秘密。

等到出殡的那一天，她还是哭了，她彻彻底底地大哭了一场。别人都说这孩子孝顺，懂事，没有忘记姨妈对她的好。可是她并没有在哭姨妈死了，她在哭她命好苦。姨妈走了，接下来的日子会越来越难过。可是没有办法，姨妈必须死，这是她一生痛苦的来源。

这是张小旗这辈子杀的第一个人，那时她还没成年，是她第一次也是最后一次为别人哭。因为其他人，都不值得。

张小旗以为，姨妈死了，这件事情就告一段落。可是命运的痛苦之所以是痛苦，因为必须要承受，不断承受，不会因为某个人的离去而减轻或者消失。张小旗错误地认识了命运，做了一个错误的决定，也加重了她这一生的错误。

如果说之前的岁月里，都是别人在告诉她，她是个错误，那么在后来的日子，是她自己反反复复地提醒自己，她是个错误。她壮观的复仇计划里，名单开始逐一增加。没有办法，张小旗想，自己已经是个错误了，那么就应该揪出那些犯错的人，这是她的使命。

这样的念头慢慢积累而成。为了说服自己，她每周都要去大雁山。大雁山上埋着很多人，还有她熟悉的姨妈，那是第一个因她而死的。她每次都要去和姨妈说话，她问，“我做错了吗？”没有人回答她。“没有，”她就自说自话。她把她的想法告诉给一个死人，这是最安全的方式。张小旗知道姨妈很爱她，她一定会理解她，并且原谅她的所作所为。

这一天，周金凤一如既往地想要虐待她，张小旗在袖口里藏了把小刀，在周金凤靠近的时候，她挥舞着小刀对她说：“如果你再靠近，我就杀了你。”周金凤当然没再靠近，她什么也没说，慢慢退出了房间。

张小旗很高兴，她觉得自己制住了对手，人生第一次，她成功反抗了。从此，周金凤变成了和张怀达一样的态度，冷漠，对她置之不理。不过这样也挺令张小旗欣慰的，在很长一段时间里，再也没有人敢虐待她。

好景不长，命运总有别的方式令她痛苦。这天，金贸来到了她家。周金凤一把拉过张小旗，推到金贸面前。

“喏，我管不了她，你来吧。”

张小旗看着金贸，惊恐地大叫：“你干嘛？你干嘛？”

“你不是要横吗？你不是要杀了我吗？我看你跟着贸哥挺好，吃香的喝辣的，他不会亏待你。”

“放你的狗屁，周金凤！”张小旗气得尖叫。

金贸猛地抽了张小旗一巴掌：“老实点，听见没！”

血从张小旗的嘴角留下来，她闭嘴了，随后两个人一起进了房间。张小旗还一个人站在原地，她被打蒙了。

后来，周金凤又开始了虐待，而且更加变本加厉，因为她总说，你不听话我就把你送给贸哥。张小旗非常恶心地感受到了害怕。她只能小心翼翼地活着，没有关系，这都是一时的。张小旗想。我总能找到一个机会，所有人都闭嘴了，世上从此没有人能对我做什么。她不知道那种感觉，但她知道她很想要。

好像一棵生长在暗处的畸形植株，无人看管，奈何黑暗的土壤异常肥沃，生根发芽，枝叶愈加茂盛，根也扎得愈加地深。一直以来，她在等待一个结果的机会。

那是一个看似平常的日子，张小旗照例去上学，回家的时候，看见周金凤被张怀达揍得半死不活。她看见周金凤痛苦的样子，就仿佛看见了自己。但是她很冷漠地说了几句离开了，这就是她在等待的机会，这样的日子要由她自己宣告结束。

张小旗收拾好东西，趁着两个人没注意，自己跑上了大雁山。如果她消失，张怀达一定会问周金凤她去了哪里，周金凤一定会说，她经常上大雁山看她姨妈，接着张怀达一定会上大雁山。为什么张小旗这么笃定张怀达会来大雁山上找自己？因为离家出走前，她带走了很重要的东西，周金凤的存折和银行卡，上面是金贸这么多年给她，她没花完存下的私房钱。这笔钱张怀达一定知道，也很想要。张小旗高兴地揣着这些东西上了大雁山，等待张怀达自投罗网。

在前往大雁山的路上，她一步步想得越来越明白。在存折的同一个盒子里，她找到了被周金凤藏起来的领养证明。原来自己根本就不是她的女儿，张小旗冷笑，怪不得她会这样对自己，那更没有让人同情的必要了。

她照例先去看了姨妈，在姨妈墓前把她要做的事情告诉了姨妈。她也不知道姨妈到底听没听见，但是每次只要跟姨妈说了，她就觉得特别心安，觉得得到了认可。告诉姨妈已经成为了每次行动前必不可少的环节。

山上的雾逐渐浓厚，仿佛在有意地帮她。张小旗在林间四处乱窜，她常来，已经对这里的地形非常熟悉了。她觉得在林间窜了很久很久，终于听到了久违的声音，是张怀达在叫她的名字。

“张小旗！”一个男人暴躁地乱喊。张小旗当时就发誓，如果往后有机会，她一定要换个名字，被他叫过的名字实在太令人厌恶了。想到这里，她又兴奋起来，她意识到这里面有重生的意味。

张怀达越走越近，张小旗故意跑到他前面让他看见。“张小旗！”张怀达愤怒地吼道，在后面开始追。张小旗决定，先带他去见见自己的姨妈，她记得姨妈出殡那天张怀达根本不在。

张小旗的举动显然吓坏了张怀达，让他觉得一切好像不太对劲。他先到墓前转了转，看见张小旗从自己的眼前跑过。于是他开始追张小旗，越追越往山里。张怀达渐渐找不到方向了，以防万一，他提前打了电话报警，说自己在大雁山遇险了，要警察来找他。

骗子。张小旗愤愤地想。她听见张怀达的打电话后很生气，从后面跑出来，一刀扎进了张怀达脖子上的大动脉，又飞快地拔出小刀跑走。张怀达没想到，自己刚才打的电话居然这么快就应验，自己真的在大雁山遇险了。

因为愤怒，张小旗的计划被彻底打乱。警察很快赶到现场，发现了张怀达。张小旗惊慌失措地躲进了一个山洞里呆了三天，一直和警察在山里躲猫猫，最终躲过了这次搜山行动。从警察们交谈中她隐约地听见，张怀达没有死，还在医院里躺着。张小旗摸摸自己的小刀，知道这件东西必须消失了。她爬进山洞深处，挖个坑，埋了起来。

死亡游戏正式开始。

第二十七章 案发

张小旗把带来的工具藏在楼道里，紧接着开始敲门。

“你怎么来了？”当张小旗出现在房门口的时候，周金凤对于张小旗的到来有些惊讶。这是金贸的房子，她从未和张小旗提过这个地方。

“我不想见张怀达，来避避。”张小旗面无表情地走了进来，坐在了客厅。

“哦。”周金凤随口答应了一声，并未过多理睬，随即进屋睡觉去了。张小旗独自坐在客厅里，开始等待最后的倒计时。“滴答滴答”，她在心里默默倒数，为周金凤计算着她生命最后的余量。时间一分一秒地过去，张小旗盯着桌上滴滴答答的钟。这是她蓄力休息的时间。

她回想迄今为止短暂的一生，周金凤唯一待她好的一次，是小学时班级组织的春游活动。她清楚地记得，那次大家要去余城人民公园旁的一个小型游乐场。同学们都很兴奋，叽叽喳喳地讨论着游乐场有哪些好玩的。张小旗没有去过，但是她很想去。报名费五块，张小旗左思右想，还是决定跟周金凤提这件事。

“学校组织去春游。”

“哦。”周金凤没有看她。

“要交五块钱。”张小旗淡淡地说。

“哦。”周金凤停下了手上的活，看向她，“你天天在家好吃懒做，还有脸要钱？”

张小旗没有说话，默默进了屋，放下书包开始写作业。过了一会，周金凤进了屋，走到她身边，把五块钱放在她桌上，对她说："要去也不是不可以，不过，你要记得那是你欠我的。"

张小旗看着手边的五块钱内心复杂。但是心里还是有一点开心，这是她长这么大愿望第一次得到满足，当然，她也知道这五块钱对于她来说意味着什么。明天去上学，她的身上又会多两块疤痕，不过也没人看的出来。

张小旗就这样顺利地参加了春游，那是她一生中最开心的一天，她一共坐了三十遍旋转木马。小时候，每次看到别的小朋友旋转木马她都很羡慕，现在她也得偿所愿。

可是人生中的快乐总是昙花一现，剩下的大多数都是痛苦。张小旗坐在客厅里，整个世界只剩下她一人在咀嚼。她已经习惯了，一个人舔舐伤口，一个人咀嚼疼痛，一个人吞下血和泪水。现在她早就没有了泪水，从今，也没有人能侵犯她的血。

分钟饶了大半圈。

"我会永远记住这一天。"她在心里发誓。

张小旗鼓起勇气，起身来到主卧，她打开房门，看见周金凤在床上熟睡。张小旗抄起旁边的枕头，用尽全身力气压在她的脸上。这些力气里有每一次周金凤虐待她的影子，张小旗从记忆里第一次周金凤虐待她开始算，一次次回想，一次次加深她对这个人的恨。周金凤双手抱着枕头开始挣扎，张小旗的眼前就像放电影一样重演。周金凤挣扎得越来越厉害，她的手抓住了张小旗，在她的手臂上抓出血痕，张小旗没有知觉。放映还没结束呢，她想。

张小旗空洞地看着房间里的一个台灯，上面布满灰尘，还落有一只垂死的苍蝇，无助地尝试翻动身体。张小旗想，曾经我和这只苍蝇没有区别，为了摆脱，我现在要让她变成这只苍蝇。

周金凤每挣扎一次，张小旗心里的快乐就添加一分。

周金凤终于停止了呼吸，手上软塌塌地垂了下去。她长长的指甲还有一部分嵌在张小旗的肉里。张小旗完全不在意，她怕还没捂死，又趴在枕头上过了好一会儿才放手。

张小旗走出房间，打开大门，去楼道里寻找她早旧藏好的道具。角落放着两桶汽油，张小旗留着门，把汽油提进了厨房，等她返身再去关门时，一个浑身血淋淋的人出现在门口，倚在门上。

“唉，小孩，放我进去。”他穿着一件水蓝色外套，下身是一条深色牛仔裤。外套和裤子上都布满了血迹。他的肩膀被人用木棍重重敲击过，可能有骨折，很难使上力气。他胸前、肋骨，以及大腿的多处地方都有刀伤。张小旗看着他，只觉得这个人真惨。

他一只手扒开大门，一只手捂着肚子，鲜血从指缝里溢出来。换作别人早就要吓得惊声尖叫，可是张小旗就这样站在原地看着他。

王建军万万没想到，刘虹梅居然这么狠心地雇人来捅死他，还是另有其人？他不知道，他现在没有办法思考这件事了，刚靠装死在楼顶捡回半条命的他，呼吸还很困难。

“小孩，帮我打个120吧。”这是王建军对她说的最后一句话，说完他就进屋倒在椅子上陷入了昏迷。张小旗迅速关了门，开始思考自己是否应该去执行王建军说的这句话。这个男人和她素不相识，无仇无怨，但他因为被人捅伤在这里晕倒，属于复仇名单外的人员。张小旗并不想把其他人牵涉进来，但是她看了看王建军，不由得感慨他的命实在太糟糕了。

如果为他叫救护车引来警察，自己的计划就没有办法执行下去，而且还会暴露自己。

“很抱歉，我现在不方便救你，闲杂人员。”

这时，突然响起了敲门声。

“咚咚咚，咚咚咚。”

张小旗很烦躁，她蹑手蹑脚地走到门口，听外面的动静。不可能是金贸，他会直接用钥匙进来。查水电煤气的？可是整栋楼下个月就要拆迁，日常供给早就停了，金贸也是暂时住在这里。

还会有谁？

“咚咚咚，咚咚咚。”

外面又开始敲门，但是没有人说话。门外绝非善类，张小旗没有开门。敲门声在第二次停止了，靠在门上，她听见外面一个人蹑手蹑脚地走下了楼梯。张小旗细心地听见下楼声渐渐远去，才放心地离开了大门。

这个敲门声提醒了张小旗，这毕竟是金贸家，万一金贸提前回来，或者其他什么人过来，她的计划就无法完成了。她需要尽快做完。

张小旗迅速将放置在厨房里的汽油泼在房间的每个角落。王建军已经完全没有动弹，被汽油泼上身的时候也不再挣扎。张小旗随手从桌上拿了几张纸，用桌上的打火机点着，火焰在她手上疯狂地燃烧起来。接着她小心翼翼地走到门口，将手里的火苗轻轻朝里一丢，飞快地跑出去，又轻轻带上门。

一顶黑色鸭舌帽是必不可少的。张小旗拿出鸭舌帽戴好，匆匆离开了现场。

张小旗一步一步泰然自若地离开了居民区。这块城市里的狗皮膏药，过不了多久就会被烧成一堆废墟，接下来，她还有其它重要的事情要去做。

张怀达被送入的医院在余城的中心区域。夜幕渐渐降临，医院里的人逐渐稀少，当张小旗重新出现在医院走廊里的时候，她已经穿上了护士服。

张小旗快步走过各个病房开始扫视，寻找张怀达所在的病房，绝大多数的看护和陪护人员都是女性为主，但张小旗要找的这间病房，屋内至少有两个年轻男子坐在他身边。目标一下子就清晰起来。

终于走到五层的时候，她找到了。

“什么人？”见到她进来，坐在他病床边的人迅速警觉起来。

“消炎针。”张小旗强迫自己冷静下来，“大夫说担心患者后面会感染，让我来补打消炎针。”

一个人点点头，另一个还是拦在她面前，说；“把口袋里的东西掏出来给我看看。”

张小旗乖乖照做，那人点点头。

她装模做样地检查了一下张怀达的伤势，大出血之后他还昏迷不醒。死老头，看来自己扎得还不够深，她想。检查完张怀达得情况后，她掀起张怀达得袖子开始打针，旁边两个人就这样看着她做完整件事。注射完后，张小旗整理了一下，离开了现场。

当真正的护士推着小车丁零当啷地出现的时候，这两个人再次站了起来。“怎么又来了？”

“什么又来了，我今晚还没来过呢。”小护士被他俩的一番话搞得莫名其妙。

“不好！有诈！”两个人连忙去探张怀达的鼻息，早就没了动静。

“快快，请求支援，嫌疑人应该还没有离开医院！”两个人拿起对讲机。

此时的张小旗早就把护士服丢掉，随意走进了一间病房。一个老人躺在床上睡着了，床边放着一篮水果。张小旗很自然地坐在他身边开始削水果，看着门口的几个便衣警察匆匆跑过。

突然，一个人返回来，进了房门，吓得张小旗一身冷汗。

“您好，请问，您刚才有看见可疑的人经过吗？”

张小旗停住了削苹果的动作，抬起头，呆呆地看着他。

“不好意思，打扰了。”那个警察飞快地离开。

张小旗继续悠闲地削着苹果，坐了好一会儿，一个中年妇女忽然进来，手上拎着个开水壶。她疑惑地看着张小旗，问：“小孩，你是……”

张小旗看着她，不好意思地挠挠头：“哎呀！搞错了，和我爷爷长得太像。”她笑着说完，咬了一口手上削好的苹果。

第二十八章 终章

本来要在家等线人送货的金贸，意外地被警察带去问话。该死！他根本来不及告诉对方，已经过交期好几天，那几个要货的人见面指不定要把他给生吞活剥了。即便这样，他还是笑眯眯地跟着警察走了一趟。两三个小时过去，出来的时候，太阳快要下山，他抽了根烟，仰着头看了好一会夕阳。

“垃圾警察。”金贸啐了一口。有没有什么不那么糟糕的事情？金贸想到周金凤在家等他，笑了，启程回家。

地上的烟头慢慢熄灭了火星。当糟糕成为常态，当心性被磨到消失不见，当影子偷偷把生活可以改变的余地渐渐吞噬，没有人会和你讨论希望是什么，也没有人会来和你分享绝望是什么感受。人们麻木地经过，是在告诉他们自己，只要地还踩在脚下，明天迟早会来。

“对，明天还在。”金贸愉快地想，只要明天还在，就没有什么能阻止他做生意。

三十二号空间内，张小旗蹲在地上。

“张怀达也许说的没错，如果我是个男生，一切是不是又会变得不一样。”张小旗低头看着自己的双手，“所以一开始我想要保护她，就像在保护我自己。直到我忘记了自己是谁，我被她替代。”她蹲在地上呜咽起来。

黑色的线条交织在白色的第三十二号上空，提醒着里面的实验人员错误的产生。

“这一天我等待许久，秘密不会永远是秘密。”

张小旗想起他曾反复叮嘱过方一，不要将二人的事情告诉任何人，世界上除了彼此，没有其它可信的人。

“二十年前，你给张怀达在医院注射的是什么？”梁校文将案件的每一环在脑子里慢慢补齐，慢慢完整。

“去氧麻黄碱，纯度很高，我在金贸家顺走的。”

梁校文点点头，这样的东西在金贸家并不难找到，现在他理解了为什么当年张怀达被注射后很快死去。

“我本来不想杀刘虹梅，直到我明白了，那个向我乞求打 120 的人是谁，他为什么会出现在那里。刘虹梅被骗了，拖累身边人。为什么我们的生命里总有那么多犯错的人，无力承担后果，又给别人带去痛苦？他们的可怜，又何尝不可恨。”张小旗跪倒在地上，脸上流露出憎恶的表情，“至于我，一个被丢弃的孩子，代替了谁的命运，又代替了谁活着。”

梁校文静默无语。在这个白色的虚拟空间里，白雾再次蔓延，却逐渐变成了黑色。在张小旗的意识空间里，那日的火焰重新回到了白雾里，开始拼命燃烧起来。白雾里有什么，不再重要，因为早晚会被烧成黑色废墟。

“呜——呜——”空间远处响起了悠扬的汽笛声，声音来自医院旁边的铁轨。张小旗一个人漫无目的地走在街头，边走边吃着苹果，一列运煤的列车从她身边的轨道驶过，发出“呜呜”的声音。

“总得有人来承担责任，总得有人来纠正错误。你明白吗？”

梁校文还是没有说话。张小旗慢慢起身，朝着白色空间深处走去。

“你去哪里？”梁校文问她。

张小旗笑了笑，轻轻说：“一旦完成复仇，我也不知道我接下去活着的意义是什么了。或许方一和我之间，真正该走的那个人是我。不知道我犯下的错，自己又能承担多少。”他的手里迅速多出了一把刀，梁校文心里一凛，但也没有上前制止。张小旗手起刀落，很快倒在了梁校文面前。

疯子被找到后，自己杀了自己。

张小旗的身体逐渐变得透明，像空气一样逐渐消失。他手里的刀幻化成粉末，无色无味。这时，躺在梁校文脚边的方一逐渐苏醒过来。

“又出错了？”方一看着四周的白色问，“实验开始了吗，为什么我对内容一点都不记得？”

“我们走吧。”梁校文抓起她戴在手上的手环，按下了一个隐藏按钮。

试验结束。

梁校文重新回到了余城，彼时的余城早已焕然一新，高楼大厦应接不暇。416 的案发现场，一幢豪华商场即将开业，一点当年的影子都没有。梁校文坐车经过时，望向马路对面的一棵大树，仿佛看见一个叫马卫的男人站在树下抽烟，孤独地等待着时间一分一秒地过去。他又看向商场，仿佛又看见一个穿着水蓝色外套，深蓝色牛仔裤的男子匆匆走了进去。

历史终归是已经成为了历史，除了他，这段往事将从此尘封。

“案件详情我都写在报告里了，李队。”梁校文将一个文件袋递给李队。

“很好，没想到事情的真相居然是这样。”李队满足又惋惜地叹了口气，“这个案子你立了大功。”紧接着注意到梁校文身后的不远处站着一个女孩，“你身后的这个姑娘是？”

“她就是方一。”

李队一听，吓得赶紧站起来，“她的病治好了没？”

梁校文想了想，只好回复：“后面还要找医生。不过现在，案子也结了，人我也给你带来了，你看这个尾款……”

“唉！那么见外做什么，我和你师父是多年的兄弟……想当年……”

方一站在走廊里，看着窗外的天空，几片云悠哉地飘过。人们从她身边形色匆匆地走过，没有人注意她。除了一只蝴蝶，挥舞着紫蓝色的翅膀，从阳光下飞进视线，在她身边转起了圈。

方一打开手机，在列表里找到那个被她置顶的对话框。这是一个账号使用者自己和自己的聊天框，只有绿色信息，没有白色信息。方一一条条翻看着她们的聊天记录，一条条长按删除。直到页面上的内容越来越少，少到只剩下最后几条。

有个男人出现了，不知道他是谁。

我去看看。

我们的秘密被发现了，你要小心。

方一长按了第二条信息，点了收藏，然后把聊天内容全部清空。她知道曾经的骑士永远地走了，永远地消失在了世界上，永远不会出现在她的生活里。那个一直以来保护她的人，最后在手机里给她留下了这四个字后，带着所有的秘密不打招呼地走了。这是最后一次，做她的骑士。

“啪嗒”，一滴眼泪落在手机屏幕上。

“方小姐，走了。”

方一回过头，看见梁校文和另外两个人在等她。

“我可以走了吗？”方一问他。

梁校文摇摇头，“还需要配合他们做一些工作，放心，医生那边我已经打点好，你们下周就能见面。”

“好。”方一答应了，跟着另外两个人走远。

光的传播速度是每秒三十万公里，我眼前的你和上一秒的你差别不大，可眼前的太阳是八分钟前的太阳，星星是一百年前的星星。

你眼前的我呢？会是多久以前的我？

角落里，一只蝴蝶奄奄一息。

www.ingramcontent.com/pod-product-compliance
Lightning Source LLC
LaVergne TN
LVHW031432170726
843492LV00010B/2969

* 9 7 8 8 4 1 2 1 8 7 7 4 8 *